Littérature moderne
du monde francophone

Littérature moderne du monde francophone

Une anthologie

Peter S. Thompson, Ph.D.
Murdock-Thompson Center for Teachers

National Textbook Company
a division of NTC/CONTEMPORARY PUBLISHING COMPANY

COVER DESIGN: Linda Snow Shum
COVER ILLUSTRATION: *Tree Landscape with Sailing Boats,* by R. Mervilus
INTERIOR DESIGN: Cindy Crampton
               Lesiak/Crampton Design
INTERIOR MAP: Mountain High Maps®
               Copyright © 1993 Digital Wisdom, Inc.

Published by National Textbook Company, a division of NTC/Contemporary Publishing Company,
© 1997 NTC/Contemporary Publishing Company, 4255 W. Touhy Avenue,
Lincolnwood (Chicago), Illinois 60646-1975 U.S.A.
Manufactured in the United States of America.
ISBN: 0-8442-1588-0

8 9 VP 0 9 8 7 6 5 4 3 2

Remerciements

The author wishes to thank, first, all his students; they have provided unending inspiration.

The expertise of Jim Harmon, Editor at NTC, has been invaluable, as has copyediting performed by Florence Brodkey.

The following institutions and their staffs have provided funding or other valuable assistance:

The Rockefeller Foundation, the Academic Alliances, the National Endowment for the Humanities (Teacher/Scholar program, and Humanities Focus program), the Institut Cheik Anta Diop (Senegal), the University of Dakar, the Fondation Léopold Sédar Senghor, the Bibliothèque Nationale (Paris), the Bibliothèque Schoelcher (Martinique), the Acadian Center at the University Sainte Anne (Nova Scotia), the French Studies and Comparative Literature departments at Brown University, and the university libraries of Harvard, Princeton, Dartmouth, Brown, Plymouth State College (NH), Wesleyan and Penn.

Introduction

Qu'est-ce que la francophonie? Est-ce le seul fait de parler français? Est-ce une culture? Est-ce la rencontre de langues, la rencontre de cultures? Est-ce seulement le vestige du colonialisme, ou est-ce la belle promesse du *métissage culturel* que décrit le poète sénégalais Léopold Sédar Senghor? Est-ce l'usage d'une langue répandue dans le monde et qui y survit sans contexte culturel? Limite-t-elle ou libère-t-elle? Est-ce l'usage d'une langue dans le seul but de faciliter la communication? Est-ce seulement la banale *lingua franca* des pays africains, ou la langue parvient-elle à sublimer ce rôle lorsqu'elle devient l'outil d'une expression artistique?

Et quel est le génie de la langue française? Est-ce que ce génie se communique à toutes les cultures qui ont subi, ou accueilli, son influence? Est-ce qu'il y a une seule littérature française, à laquelle toutes ces cultures contribuent? Et comment l'écrivain choisit-il d'écrire en français?

C'est à vous de juger. Nous vous proposons beaucoup de réponses dans cette anthologie de la francophonie: réponses à la France, à sa tradition littéraire, au problème de la langue, aux appels éternels de l'art—au destin. Ce livre offre un éventail de réponses aussi bien qu'un assortiment d'auteurs.

Parmi ces réponses, les unes passionnées, les autres inconscientes, vous éluciderez ce que signifie *être francophone*. Vous aurez les moyens d'apprécier le présent de la littérature francophone, et peut-être l'avenir d'une francophonie qui ne cesse d'évoluer.

Toutefois, la variété des réponses affichées par les auteurs originaires des quelques quarante pays où le français est parlé, démontre la pléthore de possibilités qu'offre cet outil. Par exemple, Zachary Richàrd, poète et chanteur de Louisiane explique qu'il ne peut exprimer en anglais certains des sentiments qu'il éprouve, et que lorsqu'il écrit en français, bien qu'il parle couramment l'anglais, il articule *l'aspect de sa personnalité qui est acadienne.* Aimé Césaire, par contre, est né à la Martinique et ne revendique même pas la possibilité d'écrire en créole. A son crédit, il faut souligner que ce n'est que récemment qu'un système orthographique créole a été développé. En Algérie, Réda Bensmaïa écrit pour un public dont seulement un infime pourcentage pourrait lire le berbère, et il a donc choisi le français comme langue de plume. Aux réflexions de ces auteurs, il faut ajouter la voix de Senghor qui a souvent dit que certaines pensées—il ne parle pas de sentiments, comme Zachary Richàrd—s'expriment mieux en français. En Nouvelle-Calédonie, outre le problème d'orthographe des dialectes indigènes, comment faire publier une œuvre en langue mélanésienne, et où trouver des lecteurs? Ces dilemmes sont, bien sûr, apparentés aux problèmes économiques. Depuis des générations, partout dans le monde colonisé, un manque de prestige et d'appréciation afflige les langues indigènes.

Lorsque l'on cherche à définir la francophonie, à circonscrire ce qu'elle pourrait être, il faut tenir compte des individus dont les ancêtres sont français, qu'ils demeurent au Canada ou dans le Pacifique Sud. Ils sont tous fiers de leur culture française, mais ils vivent des réalités différentes dans lesquelles l'évolution de leur langue et de leur culture se débat constamment. Il n'est que de considérer la situation politique et culturelle du Québec pour apprécier cet aspect de la francophonie. En Acadie, l'actuelle Nouvelle-Ecosse, on parle un français où les fins de phrases sont en anglais, très différent de celui des îles de Saint-Pierre-et-Miquelon qui est beaucoup plus parisien. Les populations de ces différents territoires sont très conscientes du monde anglophone, mais elles conservent leur attachement au français et ne s'acheminent pas vers l'anglophonie.

Ces groupes divers ont des rôles à jouer dans le monde moderne, dans le "village global" d'aujourd'hui. Dans un monde où communiquer est technologiquement de plus en plus aisé, l'importance de la langue commune à tous ces groupes s'accroît. Les anciens colonisés qui avaient maîtrisé le français pour répondre au colonialisme et au monde industriel peuvent désormais utiliser cette langue pour participer activement à tout débat artistique, scientifique, politique et diplomatique. Dans le monde moderne, tout outil linguistique est un atout.

Cette francophonie historique et géographique s'associe à une diversité de genres littéraires: la poésie, le roman, le théâtre, le conte, la chanson. Elle revêt également divers styles: le naturalisme de Roumain, le symbolisme de Rodenbach, le surréalisme de Césaire, le mouvement de la Négritude de Senghor, l'anti-colonialisme de Diop, le réalisme de Mimouni, la concrétisation de la poésie moderne de Tadjo, le narratif experimental de Ben Jelloun, la littérature engagée de Depestre, le féminisme de Rawiri. Quelquefois aussi, l'écriture se met au service de la légende populaire avec Baudoux, ou elle permet d'évoquer le rite avec Phâl.

Vous, lecteur, pouvez écouter ces diverses voix. Vous pouvez apprécier les réalités qu'elles façonnent et l'art magistral avec lequel elles sont communiquées au monde.

Attention les étudiants!

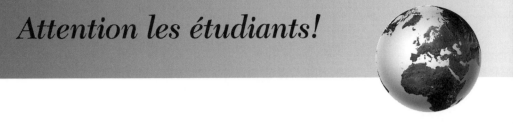

Throughout this book English translations will be given for the common words and expressions that you should try to make a part of your active French vocabulary. You will encounter other new words for which no meanings are supplied. Do not be alarmed. Because these words are used much less often by French speakers you should do your best to guess their meanings from the rest of the passage in which they occur. Use a dictionary only if you can make no sense of the passage.

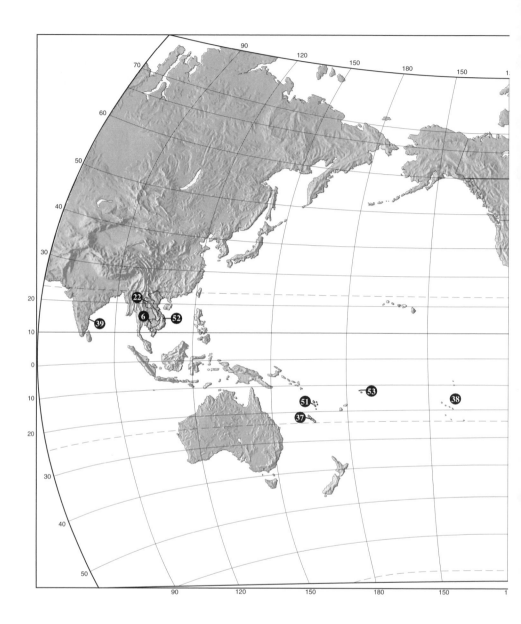

Le Monde francophone

1. Algérie
2. Belgique
3. Bénin
4. Burkina Faso
5. Burundi
6. Cambodge

7. Cameroun
8. Canada
9. République
   Centrafricaine
10. Comores
11. Congo

12. Côte-d'Ivoire
13. Dominique
14. Djibouti
15. Égypte
16. France
17. Gabon
18. Guadeloupe
19. Guyane française

20. Guinée
21. Haïti
22. Laos
23. Liban
24. Louisiane
25. Luxembourg
26. Madagascar
27. Mali

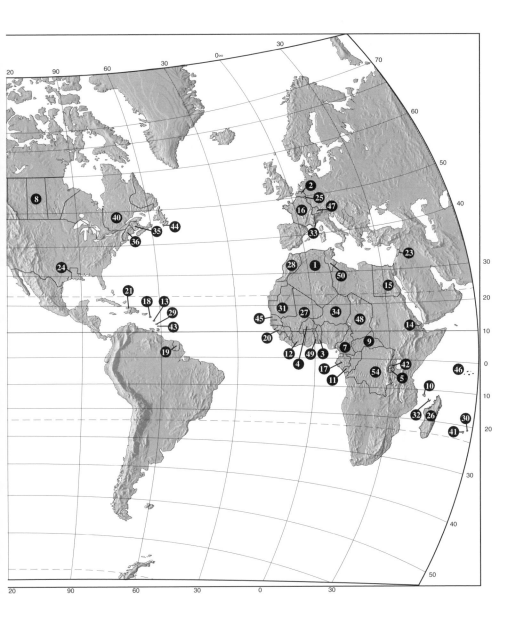

28. Maroc	36. Nouvelle-	42. Rwanda	49. Togo
29. Martinique	Angleterre	43. Sainte-Lucie	50. Tunisie
30. Maurice	37. Nouvelle-	44. Saint-Pierre-et-	51. Vanuatu
31. Mauritanie	Calédonie	Miquelon	52. Viêt-nam
32. Mayotte	38. Polynésie	45. Sénégal	53. Wallis-et-Futuna
33. Monaco	39. Pondichéry	46. Seychelles	54. Zaïre
34. Niger	40. Québec	47. Suisse	
35. Nouveau-Brunswick	41. Réunion	48. Tchad	

Au professeur

This book is intended for intermediate through Advance Placement secondary school students, and intermediate through advanced college students. While it could stand on its own as a course text, its most likely use is as a supplement to the standard literature selections. It will introduce students to a multicultural group of francophone writers, all from countries other than France. The authors—mostly from the twentieth century—range from the famous and influential to the newly emerging and little known. The genres covered are poetry, novels, plays, short stories, and prose poetry.

The selections offer a wide range of difficulty. Instructors can select from less linguistically challenging authors: Beti, Cazamian, Dantin, Fortier, Richàrd, Simenon, Tremblay, and Verhaeren. More difficult selections would be those by Baudoux, Bille, Diop, Hébert, Mimouni, Rodenbach, Roumain, and Tadjo. Several readings will bring the best out of the most sophisticated readers: Bensmaïa, Kateb, Pham Van Ky, and Schwarz-Bart.

The best way for teachers to acquaint themselves with our approach is to read the students' introduction. A key intellectual issue raised there—and it can occupy you all year in class—is the definition of *francophonie.* The brief biographies throughout the anthology will help with this project. You might try to weave into all your discussions some of the issues behind the readings—Négritude and feminism, for example. You might want to offer a systematic survey of modern literature, starting with the symbolists. While the book is ordered geographically, you might organize your survey chronologically, by jumping around in the book. Remember with both of these over-riding approaches—societal issues, literary movements—that the illustrations given in the students' introduction are not the only examples. Among the writers in this anthology, for example, Simenon is a realist, while Beti is another illustration of anti-colonialist writing. Many literary comparisons can be made outside this book as well. Fortier's story *La Folie aux roses* can be compared profitably to Maupassant's *L'Apparition,* and Césaire's *Une Tempête* is enhanced by references to Shakespeare's *The Tempest.*

The pedagogical approach of this anthology and its exercises is based on reading strategies that actively engage the student with the material. You will observe this chiefly in the *Avant de lire . . .* section before each reading. Students are asked to consider the content in many ways—including how it came out of the author's experience, and what meaning it has in the reader's life. The strategies in *Avant de lire . . .* also help students grasp the main ideas with as little linguistic struggle as possible. The teacher can be part of this preparation by doing some of the *Avant de lire ...* items in class. Some of these items lend themselves to deeper discussion of cultural and comparative literature issues, which teachers should direct. In addition to the reading strategies, teachers may find that biography and geography are best dealt with in class before students do the reading for homework.

Vocabulary can be handled similarly. Hundreds of words are glossed with the translation on the same pages as the reading selections. Some of these words are used in *Pour s'exprimer* exercises, and can be assigned for memorizing. These are typical vocabulary words for intermediate classes. You may want to offer help with these before the reading—pronouncing them out loud, and, in some cases, explaining the meanings they have in other contexts.

Faites le point! questions demand more thorough understanding than the *Avez-vous compris?* questions which allow you to quickly check reading comprehension. In both categories there is a variety of difficulty. *Faites le point!* makes good homework material, either for compositions or for prepared discussion. Teachers will want to choose homework questions according to complexity or subtlety.

Here are suggestions for additional student activities that would enhance greatly the notion of *francophonie:*

- Go to the library and investigate a particular literary genre, an individual writer, a literary movement.
- Do some creative writing, imitating various styles and genres, for example prose poetry, poetry that rhymes, plays.
- Do an in-depth study of a country, focusing on cultural, literary and linguistic issues.
- Stage a symposium or writer's conference, with students assuming the personae of some of the writers in this book; they could represent those writers' views on social and cultural issues, and thus make more real the diverse experiences of *francophonie.*

Table des matières

Congo

Sony Labou Tansi *(1950–)*

Bien que né au Zaïre, Sony Labou Tansi est congolais. Sa solide réputation a été établie par ses premiers romans, entre autres, La Vie et demie *(1979). Il est également connu au théâtre, un théâtre qui se montre le «théâtre de la peur». Il a fondé une troupe, le* Rocado Zulu Théâtre, *qui a connu un succès international.*

Je soussigné cardiaque *a été représenté au Théâtre de Chaillot, à Paris, en 1985. Dans cet extrait, un nouvel instituteur idéaliste arrive dans un village situé dans l'imaginaire république Lebango. Lorsque commence cette scène, il vient de confronter Perono.*

AVANT DE LIRE . . .

1. Connaissez-vous des histoires d'intellectuels martyrisés par leur gouvernement?
2. Avez-vous eu l'expérience d'être chassé(e) ou humilié(e) par quelqu'un qui détenait plus de pouvoir?
3. Quelles œuvres avez-vous lues qui faisaient le portrait d'un dictateur?
4. Que savez-vous du Congo? Recherchez l'histoire de ce pays à l'égard du colonialisme.

Je soussigné cardiaque

Chez l'instituteur. Lampe à huile¹ au salon. Dans la chambre, Mallot donne les dernières touches au lit. Mwanda apprête la table. Nelly dort sur un pagne étendu à même le sol. Grands coups de marteau et jurons² dans la chambre.

5 MWANDA. Tu lui fais plus de mal que de bien en tapant avec cette brutalité.

---

¹**l'huile** *(f)* oil ²**le juron** curse (word)

Mallot, *dans la chambre.* Toi tu peux la fermer. *(Coups furieux puis Mallot sort et voit Mwanda lugubre.)*
(Il l'embrasse.) Allons, mon grillon, mon nénuphar. Ne me fais pas cette tête-là. *(Silence de Mwanda.)* Ma chérie! *(Un temps.)* Écoute.
5 Tout ne viendra plus de moi désormais. Perono m'a déviergé.[3] Je me battrai. Contre qui? Pour qui? Pourquoi? Je ne sais pas. Mais je me battrai. Dans le vide. Pour vider et souiller le vide. Non. Je ne suis pas la chose des autres. J'appartiens à moi. Seulement à moi. Et je vais me dépenser à acheter le moi. *(Tic.)* Ou peut-être que je prends au tra-
10 gique? *(Un temps.)* Il nous donne sept jours pour partir d'ici.

Mwanda. Qui, il?

Mallot. Perono.

Mwanda. Qui est Perono?

Mallot. La loi d'ici.

15 Mwanda. La loi?

Mallot. Tu te rappelles? Il y a quatre mois, on nous a chassés de Kwamou, parce que j'ai dit la vérité au chef régional et parce que j'ai montré au gouverneur qu'il trompait les analphabètes,[4] qu'il était un simple petit tueur de whisky.

20 Mwanda. Oui, je me rappelle. Eh bien?

Mallot. Ça sera un peu la même chose. La même chose. A cette différence près que Perono nous laisse sept jours. *(Un temps.)* Et on nous chassera de partout. Jusqu'à la mort.

Mwanda. Qu'est-ce que tu lui as dit à Perono?

25 Mallot. Que c'est une ordure.[5]

Mwanda. Ça servait vraiment que tu le lui dises?

Mallot. Non.

Mwanda. Alors, pourquoi l'as-tu dit?

Mallot. Je ne sais pas. Une façon de s'occuper. *(A lui-même après un*
30 *temps.)*
Est-ce que je suis vraiment une gueule de héros? *(Silence.)* Ah! Mon père! Fallait attendre un peu avant de mourir. M'attendre. Tu as fo-menté[6] un vide amer autour de ma viande. *(Un temps.)* Que c'est dur,

---

[3]**dévierger** *here:* to awaken by confrontation   [4]**l'analphabète** *(m/f)* illiterate person
[5]**l'ordure** *(f)* filth   [6]**fomenter** to foment, encourage

juste ciel, d'être son propre père—se mettre au monde tout le temps. *(Silence.)*

MWANDA. Tu es sûr qu'il le fera?

MALLOT. Il a les sous. Ce n'est même pas lui qui le fera. Ce sont les pistons
5   de là-haut. Les anges du large. Je connais leur pointure de lâcheté.[7] Ils arrivent toujours à vous tuer comme avec votre permission. *(Un temps.)* C'est énervant de crever[8] comme sur ses propres ordres. *(Tic.)* Je pouvais pourtant l'éviter. *(Un temps.)* Mais éviter quoi? S'éviter? Tu pouvais vraiment t'éviter, Mallot? Te feinter? Passer à côté de toi? Te
10   rater, te cacher de toi? Non. Et au nom de quoi? La paix, hein? La paix de la pierre taillée. L'encaisse-coups.[9] Tu pouvais? Présenter l'autre joue? *(Un temps.)* Non. Voici ce que le Christ a vraiment dit: «Frappez de votre crânerie ceux qui vous frappent de leur morve.»[10] Oui, la glaise[11] du simple, c'est son crachat. *(Il crache plusieurs fois.)* Là! Une
15   bonne dose de salive dans les nerfs de Perono. Ça vaut toutes les mitraillettes[12] du monde. Toutes les bombes.
(Il crache une rafale.)

MWANDA. Non, chéri! Tu t'éloignes. Tu commences à m'échapper— comme l'ombre, comme le vent. Tu . . .

20 MALLOT. Je suis leur homme, tu comprends? Leur chose. Et il faut que je leur arrache ça. J'enrage d'être un chiffre dans leurs vilains calculs. Un chiffre qu'on pousse, qu'on bastonne,[13] qu'on bouscule. Il ne faut pas qu'ils bougent pour moi; qu'ils respirent ma ration d'oxygène. Je deviendrai une foudre—la foudre—la tempête. Je les empêcherai de
25   planter un non-lieu au centre du bruit de ma respiration. Le cheval—le cheval-oxygène. Non, ça jamais. Je vais me créer, me mettre au monde. Exister à cent pour cent. Fonctionner. Choisir ma taille et mes dimensions. J'ai trouvé, je vais démissionner[14] de la fonction publique des putains. *(Un temps, puis, il crie:)* Démissionner, oui, démissionner. *(Si-*
30   *lence.)* Et qui gagne si tu démissionnes? Si tu fous le camp? Qui gagne? Perono. Les autres. La foutaise.[15] Tu t'annules. Personnellement, tu ne seras plus. *(Un temps.)* Dis donc, c'est douloureux le néant portatif. Non. Jusqu'au bout. Il faut que j'arrive à accoucher[16] de moi. Oui. De moi. Il faut que j'arrive à les mettre en panne. *(Un temps.)* Qu'est-ce
35   qu'on a fait, ma chérie?

MWANDA, *doucement.* Nous? On n'a rien fait.

---

[7]**la lâcheté** cowardice   [8]**crever** to die, kick the bucket   [9]**l'encaisse-coups** (m) here: punching-bag   [10]**la morve** snot   [11]**la glaise** clay   [12]**la mitraillette** tommy gun [13]**bastonner** to beat   [14]**démissionner** to resign   [15]**la foutaise** insignificant thing(s) [16]**accoucher** to give birth

MALLOT. *(Il l'embrasse.)* Tu es sûre qu'on n'a rien fait? Sûre de tout ton corps de femme?

MWANDA. Oui. De tout mon corps. Sûre.

MALLOT. Alors, pourquoi? Pourquoi est-ce qu'ils nous traquent? Pourquoi
5   est-ce qu'ils nous piègent? Hein? Pourquoi?

MWANDA. Personne ne nous traque.

MALLOT. Oh! Pardonne-moi. *(Un temps.)* D'ailleurs, pourquoi se tracasser?[17] Ils finiront par m'avoir. Je le sens, là, dans toute ma chair. *(Un temps.)* Avant de m'envoyer ici, ils savaient. Ils avaient choisi leur coin.
10   Ils savaient que Perono me recevrait très bien. Ils se sont servis de moi pour pêcher dix millions de francs. L'hameçon.[18] Tu es l'hameçon, Mallot. *(Un temps.)* Mangeons, ma chérie, veux-tu?
(Il entraîne sa femme vers la table dont un pied est cassé.)
Mangeons, c'est plus facile. Après on fera l'amour, puis le sommeil . . .
15   *(Tic.)* Je chavire.[19] Je m'effondre, je fonds. *(Tic.)* A moins que je ne me prenne au tragique. *(Il mange.)* Ah! Cette grande boxe de respirer. L'enfer. Le Lebango.
(Il tousse fortement.)

MWANDA. Tu peux pourtant t'arranger pour ne pas aboyer[20] quand tu
20   manges une nourriture pimentée.
(Elle lui tend de l'eau.)
Tu finiras par m'enrager moi aussi.
(Mallot se lève et va se coucher. Il tousse dans la chambre. Mwanda prend Nelly et le rejoint. Toux prolongée.)

Sony Labou Tansi, Je soussigné cardiaque, © Hatier, 1981

POUR S'EXPRIMER

Remplissez les blancs avec un des mots suivants à la forme convenable.

la lâcheté	l'huile
chavirer	l'ordure
se tracasser	démissionner

1. Le Président était adoré; on ne voulait pas qu'il _____.

2. Il _____ parce qu'il ne savait pas comment se tirer d'affaire.

---

[17]**se tracasser** to worry   [18]**l'hameçon** *(m)* fish hook   [19]**chavirer** to keel over
[20]**aboyer** to bark, bay

3. Il n'en pouvait plus; comme un bateau il _____.

4. Le dictateur se nourrissait de _____ du peuple.

5. Il y a des pays africains où l'économie se base sur un produit pétrolier:

_____.

6. Tout le monde veut que _____ soient ramassées par quelqu'un d'autre.

Avez-vous compris?

1. Pourquoi doit-on déménager?

2. Comment Mallot a-t-il critiqué Perono?

3. Pourquoi ne vaut-il pas la peine de *s'éviter,* de *passer à côté de toi*?

4. Quels sont les moyens, décrits ici d'une façon poétique, de *se créer*?

5. Quel complot existe, dont Mallot est *l'hameçon*?

Faites le point!

1. Etudiez le vocabulaire imagé employé par l'auteur. A quoi sont généralement associés les mots *pointure, hameçon, portatif, non-lieu*? Ce passage est extrait d'une pièce de théâtre. Tâchez d'entendre les voix, celle de l'homme et la voix très différente de sa femme.

2. Quel est ce *vide*? Est-ce une histoire personnelle? une proposition morale?

3. Comparez cette pièce avec *Une Tempête,* d'Aimé Césaire (p. 88). Celle-ci présente le colonialisme, tandis que celle-là examine la situation néo-coloniale.

Gabon

Angèle Rawiri

Angèle Rawiri est née à Port-Gentil, au Gabon. Elle travaillait comme traductrice à la société nationale des pétroles au Gabon avant de se consacrer à l'écriture de romans: Elonga *et* G' Amérakano—Au carrefour. *Ses écrits se préoccupent presque exclusivement des problèmes actuels du monde noir. Cette lecture est extraite du roman récent* Fureurs et cris de femmes. *Le point de départ du roman est l'importance de produire un fils; ce passage revient sur le passé d'Emilienne, et traite des pourparlers avant son mariage.*

Avant de lire . . .

1. Que savez-vous des problèmes des femmes dans les pays africains? Le titre évoque-t-il ces problèmes?
2. Connaissez-vous une veuve formidable, admirée?
3. Savez-vous comment vos parents ont abordé le sujet de leur mariage auprès de vos grands-parents?
4. Connaissez-vous des étudiants qui viennent de pays différents et qui se sont rencontrés dans un contexte éloigné de leur environnement naturel où cela aurait été impossible? Savez-vous quelles ont été les réactions des familles? Réfléchissez aux implications.

Fureurs et cris de femmes

Après une liaison d'un an pendant leurs études universitaires à Paris, les deux jeunes gens avaient décidé de se marier. Conformément à la coutume, ils se présentèrent pendant les vacances aux deux familles pour leur faire part de leurs intentions.

5   Les deux fiancés qui s'étaient fixé rendez-vous dans un bar de la ville s'étaient d'abord rendus chez la veuve Eyang. C'était une femme d'environ[1] 50 ans à l'époque, débordante de chair et de vitalité. Elle s'habillait

---

[1]**environ** about, roughly

simplement mais portait ses toilettes avec une certaine élégance. D'ailleurs elle était naturellement distinguée, une distinction due essentiellement à son port de tête, sa démarche et ses gestes d'une lenteur[2] mesurée. Les traits de son visage encadré par une chevelure à la garçonne
5 étaient plutôt ordinaires. Son mari venait de mourir et elle s'accrochait désespérément à son fils dont elle n'avait tiré jusque-là que de grandes satisfactions.

Joseph l'adorait, et si ses études marchaient bien, c'était en partie pour ne pas la décevoir.[3] Elle habitait dans un quartier populaire avec sa
10 fille, de cinq ans la cadette[4] de Joseph. La maison en bois était bien aérée et nette. Le mobilier modeste mais bien entretenu prenait de la valeur dans un tel cadre. Après que Joseph lui ait présenté sa fiancée, elle rentra dans une colère vive que ne lui connaissait pas son fils.

—Tu n'épouseras pas une fille de cette ethnie[5] tant que je vivrai!
15 Pour marquer son opposition, elle avait craché bruyamment entre les jambes de son fils. Les amants s'étaient échangé des regards abasourdis.

—Si c'est bien moi qui t'ai fabriqué et porté dans ce ventre pendant neuf mois, avait repris la mère en donnant plusieurs fois de grands coups dans son abdomen, je t'interdis[6] de revoir cette personne. Ne sais-tu pas
20 que ces gens-là nous méprisent[7] et se croient plus évolués[8] que nous? Je me demande parfois s'ils ne sont pas malades dans leur tête. Il existe de jolies filles instruites chez nous aussi. Elles attendent que tu t'intéresses à elles au lieu d'avoir les yeux fixés sur cette . . .

La phrase inachevée au bout des lèvres, elle avait toisé Emilienne et
25 ramené d'un geste brusque les pans de sa robe qui ne tenaient pas en place entre ses cuisses. La chaise sur laquelle elle était assise craquait à chaque fois qu'elle remuait. Elle reprit son tricotage avec acharnement.

Emilienne qui comprenait parfaitement leur dialecte ne put s'empêcher de s'énerver. Ses paupières battaient lourdement. Joseph lui sourit
30 et lui fit un clin d'œil complice. Elle se calma. Très en colère et bien que gardant son calme, Joseph lui répliqua:

—Cette attitude est indigne de toi, ma mère. J'ai honte.[9] J'épouserai Emilienne dès que nous aurons regagné la France. Te rends-tu compte que tu viens de perdre un fils? A moins que tu ne lui présentes tes ex-
35 cuses, je ne t'adresserai plus la parole. Rassure-toi, je continuerai d'habiter à la maison jusqu'à mon départ, pour sauver les apparences.

Pendant un court instant, Emilienne avait cru voir les cheveux courts d'Eyang se dresser sur sa tête et ses mains trembler. Au moment où elle voulut se retourner vers Joseph, elle vit la vieille femme brandir l'aiguille

---

[2]**la lenteur** slowness　[3]**décevoir** to disappoint　[4]**la cadette** younger (sister)　[5]**l'ethnie** (f) ethnic group　[6]**interdire** to forbid　[7]**mépriser** to despise　[8]**évolué** civilized, sophisticated　[9]**avoir honte** to be ashamed

à tricoter[10] et la lancer en direction de son fils qui eut juste le temps de l'esquiver. L'aiguille était allée se planter sur le mur en bois.

Sur le bord de la route où ils attendaient le passage d'un taxi, la jeune femme encore très énervée se serra contre son fiancé.

5 —Si elle n'avait pas été ta mère, je lui aurais asséné une belle gifle.[11] Puis changeant de ton elle demanda: Qu'allons-nous faire? Et si elle nous maudissait?

—Ne t'inquiète pas, elle ne peut pas nous faire de mal. J'aime beaucoup ma mère mais il fallait que je réagisse comme je l'ai fait. Allons 10 plutôt voir tes parents. Les as-tu laissés à la maison?

—Ils y étaient à 14h. Ma mère y sera de toutes les manières. Elle ne sort pratiquement pas.

—J'espère qu'il ne seront pas, eux aussi, désagréables.

Angèle Rawiri, *Fureurs et cris de femmes,* © L'Harmattan, 1989

POUR S'EXPRIMER

Remplissez les blancs avec un des mots suivants à la forme convenable.

l'ethnie   la cadette
l'aiguille   évolué
la gifle

1. Ça m'a choquée! Je lui ai donné _____.

2. Mes yeux sont si fatigués que je ne peux pas trouver _____ pour coudre.

3. Elle est _____; elle fait toujours ce qu'ordonne sa sœur aînée.

4. Il se croit supérieur; il se donne l'air d'une personne plus

   _____.

5. Dans un même pays d'Afrique, il y a souvent plusieurs

   _____.

AVEZ-VOUS COMPRIS?

1. Depuis combien de temps les jeunes étaient-ils liés quand ils ont décidé de se marier?

2. Est-ce que le mari d'Eyang était mort depuis longtemps au moment de cet entretien?

---

[10]**l'aiguille** *(f)* **à tricoter** knitting needle   [11]**la gifle** slap

3. Pourquoi est-ce que Joseph réussissait si bien dans ses études?

4. Quel choix Eyang préfère-t-elle comme femme pour Joseph?

5. Selon Joseph quand est-ce qu'il épousera Emilienne?

FAITES LE POINT!

1. Pourquoi Emilienne se taisait-elle pendant l'entretien? Qu'est-ce que Eyang aurait pu dire si Emilienne lui avait *assené une belle gifle*?

2. Est-il possible que la scène se répète chez les parents d'Emilienne? Pourquoi?

3. La force de la coutume de se présenter aux deux familles a-t-elle été affaiblie par le séjour des jeunes à Paris? Expliquez.

3

Cameroun

Mongo Beti (1932–   )

*Alexandre Biyidi est né au Cameroun. Ses romans et un pamphlet, écrits sous
le nom de plume Mongo Beti, expriment l'humour aussi bien que la colère. Beti
y dénonce le colonialisme aussi bien que le néocolonialisme. Son pamphlet* Main
basse sur le Cameroun *(1972) l'a forcé à l'exil en France, où il est professeur.*

*Cet extrait est tiré de l'épilogue d'un roman qui montre l'influence d'un certain
(fictif) Révérend Père Supérieur sur un village africain.*

AVANT DE LIRE . . .

1. Regardez le titre. Que vous évoque-t-il? Est-ce que le Christ est
   généralement associé à Bomba? Réfléchissez à comment la religion
   peut servir d'outil à la colonisation d'une population. Connaissez-vous
   des exemples où les missionnaires ont facilité la colonisation (Afrique,
   Inde, etc.)?
2. Imaginez-vous un village africain avec ses aspects physiques. Puis
   figurez-vous ce village abandonné.
3. Quelle est généralement l'attitude de ceux qui vivent en brousse à la
   campagne, envers la grande ville?
4. Pensez à la situation chez vous: votre mère et votre père vous
   donnent-ils de plus en plus la liberté d'aller et venir?

Le Pauvre Christ de Bomba

Sogolo . . .

Voici trois semaines que le R.P.S.[1] est parti! Trois semaines . . . jour pour
jour. Et je n'ai encore reçu aucune lettre de lui. Il avait pourtant promis de
m'écrire? Jean-Martin a peut-être reçu de ses nouvelles, lui? Et je ne sais

---

[1] **le R.P.S.** Révérend Père Supérieur

même pas dans quelle mission a été affecté le R.P. Le Guen; je m'y rendrais[2] certainement pour lui demander des nouvelles du R.P.S. . . .

Je n'en pouvais plus ce matin; avant qu'il ne fasse jour, je me suis comme enfui de chez moi, et j'avais mis mes plus beaux habits, comme
5 tous les dimanches autrefois. Quoique la nuit fût seulement à sa fin, il faisait déjà chaud dehors.

J'ai marché à pied: c'est une chance que la mission ne soit pas loin de Sogolo: à peine une dizaine de kilomètres. Et puis, comme je marchais sur la route, je n'avais rien à craindre, malgré[3] la nuit. Chemin faisant, j'avais le
10 cœur oppressé d'angoisse, comme si réellement je m'étais attendu à une surprise en arrivant à Bomba.

Je suis arrivé à Bomba au petit matin. J'y suis resté jusqu'à midi. Je me suis promené partout: dans l'église où j'ai prié; dans la sixa[4] dont j'ai scruté tous les recoins, dans le vain espoir d'apercevoir le visage de Ca
15 therine; dans l'école déserte, comme morte; dans les jardins envahis maintenant par la brousse[5]. . .

A chaque instant, il me semblait que j'allais entendre la voix grasse et grave du R.P.S. m'interpeller.

Pas un bruit dans la mission. Pas une fumée autour. Rien que ce si
20 lence obsédant,[6] comme si le cimetière avait débordé sur tout Bomba. Partout cet aspect étrange propre aux villages abandonnés.

J'ai bavardé avec un des gardiens. Il m'a dit qu'aucun prêtre n'avait paru à Bomba, depuis le départ du R.P.S. et du vicaire Le Guen. Les deux dimanches qui avaient succédé, les fidèles étaient venus, croyant qu'il y
25 aurait une messe. Naturellement, il n'y avait pas eu de messe et la sacristie grouille de rats et de lézards.

—On n'a rien volé? lui ai-je demandé.

—Oh! non, rien du tout . . .

—Personne n'a essayé?
30 —Non, personne.

—Même pas de subtiliser[7] quelques oranges dans le potager . . . ou quelque papaye?

—Vois-tu, petit, personne n'est venu ici depuis que vous êtes partis; ni de nuit, ni de jour.
35 Un temps, puis:

—Oh! s'il y a une chose qui nous donne du souci, c'est plutôt le troupeau de moutons et de chèvres que vous avez laissé. Nous avions d'abord pensé que l'évêque l'enverrait bien vite chercher. Mais il n'en a rien été. Ce troupeau, Dieu sait s'il est nombreux. Et nous ne sommes que deux à y
40 veiller! Il y a toujours une bête qui est malade; une autre qui s'est enfuie

---

[2]**se rendre à** to go to   [3]**malgré** despite   [4]**la sixa** section of mission building   [5]**la brousse** brush, bush country   [6]**obséder** to obsess   [7]**subtiliser** to steal

en faisant une brèche dans l'enclos[8] et qu'il faut rattraper[9]. . . Pour te dire, fils, nous n'avons pas le sommeil tranquille. Et puis, il y a la basse-cour aussi . . . Une chose que je me demande, c'est comment vous avez pu réunir tout ça.

5 —Ce sont les présents qu'on nous faisait quand nous étions en tournée.

—Vrai, fils? Ma foi, les gens sont encore généreux par ici.

—D'où es-tu donc?

—Moi, du côté de chez l'évêque. Là-bas, ils ne font plus de présents
10 aux prêtres, crois-moi. Même s'ils sont en tournée.

—Et pourquoi? Ils ne croient donc plus en Dieu?

—Oh! si . . . un peu. Non, fils, ce n'est pas cela. C'est plutôt la proximité de la ville. Vois-tu, la ville rend les gens avares.[10]

—Ah? . . .

15 —Oui, parce qu'à la ville, tout coûte de l'argent, tu comprends? Forcément, les gens sont avares . . .

C'est dans la soirée que je suis revenu près de mon père. Mon absence ne l'a pas étonné outre mesure et il ne m'a pas posé de questions. Depuis mon retour au village, il ne me surveille pas; il ne me demande ja-
20 mais où je vais ni d'où je viens. On dirait qu'il me considère comme un homme adulte.

Je songe de plus en plus à me rendre chez Zacharie pour revoir Catherine . . .

Oh! j'ai appris qu'ils venaient de commencer le creusement de cette
25 route dont parlait si souvent M. Vidal, et qui doit traverser le pays des Tala. Il paraît que c'est terrible. On réquisitionne jusqu'aux femmes pour le chantier. Le bruit court même qu'ils viendront chercher des gens jusque chez nous. Nous qui avons déjà creusé notre route! . . . C'est injuste! Ceux de chez nous protestent d'avance et affirment[11] qu'ils ne se laisseront
30 plus réquisitionner. Mais comment pourrons-nous résister aux miliciens de la subdivision? Ils me prendraient certainement aussi, malgré mon jeune âge. Mon père dit que c'est dangereux pour moi de rester à Sogolo. Je pense à ce que me confiait un soir le cuisinier adjoint Anatole! . . . Aller à la ville et chercher une petite place de boy[12] chez un commerçant
35 grec . . .

Mongo Beti, *Le Pauvre Christ de Bomba,* © Présence Africaine, 1976, droits réservés

---

[8]**une brèche dans l'enclos** a gap in the fence   [9]**rattraper** to catch, catch up   [10]**avare** greedy   [11]**affirmer** to affirm, assert   [12]**une place de boy** job as a houseboy

Pour s'exprimer

Remplissez les blancs avec un des mots suivants à la forme convenable.

se rendre à   malgré
affirmer   subtiliser
obséder   avare
rattraper

Je _____ vers mon casier. J'étais _____ par

l'image de mon eau minérale qui m'attendait depuis le matin. Quand j'ai

ouvert le casier, j'ai vu que la boisson n'était pas là! Quelqu'un l'avait

_____ . C'était sans doute mon frère qui était toujours trop

_____ pour acheter sa propre bouteille d'eau. J'ai couru vers

le réfectoire pour le _____ . _____ mes soupçons,

un ami m'a _____ que le coupable n'était pas mon frère.

Avez-vous compris?

1. Où habite le narrateur, et où se trouve l'église?
2. Pourquoi le narrateur pense-t-il que dix kilomètres n'est pas loin?
3. Comment savez-vous tout de suite que Bomba est un lieu abandonné?
4. Pourquoi est-ce que rien n'est volé? Qu'est-ce qui rend les gens avares?
5. Relisez le dialogue et ce qui le précède pour comprendre pourquoi il y a de *l'angoisse.*

Faites le point!

1. Y aurait-il un symbolisme dans le troupeau de moutons?
2. Quels détails vous donnent l'impression d'une trahison?
3. Il faut connaître l'institution qui s'appelle «la corvée» dans le contexte du colonialisme. Quel en est l'exemple qui est présenté ici?

Côte-d'Ivoire

Bernard Dadié (1916–)

Bernard Dadié est né à Assinie, Côte-d'Ivoire. Il a étudié à Dakar au Sénégal avant de travailler à l'Institut Fondamental d'Afrique Noire, centre académique de grande importance dans cette ville. Il a occupé plusieurs postes officiels en Côte-d'Ivoire. Ce poète est représentatif de la première génération des écrivains africains. Son roman, Un Nègre à Paris *(1959), est très célèbre et démontre l'ethnographie ironique de l'Africain en Europe. Dans la tradition de l'essai ironique sur une culture étrangère, on analyse les gestes et les attitudes les plus acceptés pour observer comme ils apparaissent étranges. Parfois on se moque ainsi de sa propre culture.*

AVANT DE LIRE . . .

1. Connaissez-vous *Les Lettres persanes,* écrites par Montesquieu, *Les Caractères* de La Bruyère, *Micromégas* de Voltaire? Recherchez ce que ces œuvres ont en commun.
2. Avez-vous résidé dans un pays étranger ou habité seul dans une grande ville? Parlez de votre expérience.
3. Savez-vous quels journaux on lit à Paris? Nommez-en quelques-uns.
4. Pensez-vous que l'on adopte souvent une attitude de *laissez faire* en France?

Un Nègre à Paris

Les hommes d'ici peuvent habiter vingt ans dans le même hôtel, avoir leur porte nez à nez, prendre l'ascenseur[1] ensemble et pourtant s'ignorer.[2] Chacun pris dans ses affaires, est un monde qui vit dans son monde, avec lui-même, en demandant aux autres d'en faire autant.[3] Cette attitude
5 serait la conséquence directe du respect que le Parisien accorde à chaque individu et du droit imprescriptible qu'il possède de vivre à sa guise.[4] Et

---

[1]**l'ascenseur** *(m)* elevator   [2]**(s')ignorer** to not know (each other)   [3]**autant** as much
[4]**à sa guise** however he wants

15

c'est ainsi que le monde semble s'arrêter au seuil de certaines demeures. Vous pouvez être habillé d'or, le Parisien vous regardera de la même façon que le gueux[5] qui passe. Votre voiture pourra avoir cent mètres, il sourira de votre extravagance au lieu d'admirer votre fortune. Mettez-vous nu? Il

5 dira que vous avez vos raisons, si la raison chez vous est encore au logis.[6] On peut vivre à Paris comme on veut, mais pour se montrer il ne faut pas venir à Paris, à moins que vous ne soyez une étoile qui se cherche un ciel et des satellites. Parce qu'il a pris une prison et coupé la tête à un roi représentant de Dieu sur terre, le Parisien ne s'étonne plus de rien. Paris

10 donc manque de chaleur,[7] et je comprends que les amoureux soient si nombreux. Dans nul pays au monde la solitude ne pèse autant qu'ici, où tout, jardins, ombres, indifférence des passants, favorisent les effusions. Paris est mortel à l'homme sans liaison,[8] aussi les couples sortent-ils en- semble, en se tenant par les bras, et les amis en groupe. Et la femme seule,

15 l'homme seul, n'ont pas l'allure dégagée, joyeuse des premiers. Ne pas être aimé à Paris est une catastrophe. Le Parisien vit en autarcie familiale, en autarcie amicale, en autarcie politique. Cette dernière autarcie éclipse les autres. S'il peut passer une semaine sans rendre visite à un parent, à un ami, il lira par contre, chaque jour, le journal de son parti. Il demandera:

20 *L'Humanité, L'Aurore, Le Figaro, France-Soir, Le Monde.* Acheter celui de l'adversaire serait porter de l'eau à son moulin, donner soi-même les verges[9] pour se faire fouetter. Ainsi chaque Parisien, chaque jour se cui- rasse-t-il contre les flèches[10] et les coups de griffes de l'adversaire. Per- sonne n'a ici rangé les flèches et les ongles pointus pour griffer, bien que

25 ces hommes se disent d'une civilisation supérieure à la nôtre. Il font sim- plement du cumul: avoir les canons et conserver les flèches! Le Parisien donc se limite volontairement pour mieux défendre son point de vue. A-t-il tort lorsqu'il y a tant de points de vue dans le pays? C'est le seul moyen de rester soi-même, de n'être pas emporté. Dans le tourbillon des

30 idées il faut s'accrocher à une bouée, à son journal. Paris est un monde, ne l'oublions pas, un océan dans lequel on risque de se noyer[11] si l'on ne sait nager. Et nombreux sont les Parisiens qui nagent et brûlent ce qu'ils ont adoré hier pour adorer ce qu'ils ont brûlé. En ce domaine le Parisien n'emporte pas la palme, même s'il sait à temps tirer son épingle du jeu. Il

35 y a chez nous de ces «hommes bouchons» servant à fermer indifférem- ment toutes les bouteilles! Regarde autour de toi. Qui ne veut monter, être hissé sur le pavois, être en montre comme les autres! Et l'on fait la planche, le bouchon, et l'on accepte tout. Il paraît que nous nous civi- lisons.

Bernard Dadié, *Un Nègre à Paris,* © Présence Africaine, 1959, 1984

---

[5]**le gueux** wretch, beggar   [6]**au logis** at home   [7]**la chaleur** heat   [8]**la liaison** connection, personal attachment   [9]**la verge** rod, stick   [10]**la flèche** arrow   [11]**se noyer** to drown

Pour s'exprimer

Choisissez le mot qui convient:

1. Sa mère le laisse agir comme il veut; elle lui permet d'agir _____.
   a. comme elle veut
   b. d'une façon seulement
   c. à sa guise

2. Si vous êtes trop fatigué pour monter l'escalier, prenez _____.
   a. un taxi
   b. une douche
   c. l'ascenseur

3. En été, on ouvre toutes les fenêtres à cause de _____.
   a. la chaleur
   b. les mouches
   c. la neige

4. Nous avons la même quantité de gâteau; j'en ai _____ que vous.
   a. plus
   b. autant
   c. moins

5. Cette fille et ce garçon sortent ensemble: leur _____ dure depuis plusieurs années.
   a. liaison
   b. repas
   c. impression

6. En l'eau profonde, il y a le danger de se _____.
   a. promener
   b. casser la tête
   c. noyer

Avez-vous compris?

1. Donnez un exemple de vivre à sa guise à Paris.
2. Quelle *prison* a-t-on *prise*?
3. Expliquez pourquoi, selon Dadié, les amoureux sont si nombreux.
4. Quels mots renforcent l'image de l'océan?
5. Quelle est l'ironie de la dernière phrase?

FAITES LE POINT!

1. Comparez ces pages au poème de Senghor, *In Memoriam* (p. 25), qui représente les pensées d'un Africain à Paris.

2. Dadié traite la France en ethnologue, imitant les Européens qui ont traditionnellement étudié l'Afrique comme un sujet exotique. Citez une phrase qui souligne cette ironie.

3. Est-il vrai que l'individualisme est prisé dans les sociétés de l'Ouest? Est-ce que Dadié pense à la vie de la tribu quand il observe cette attitude?

4. Le *manque de chaleur* est-il une sorte de stéréotype au sujet des Européens? (Voyez ce que dit Senghor à ce sujet.) Ou est-ce seulement un élément de la vie urbaine?

Véronique Tadjo (1955–)

Véronique Tadjo est ivoirienne, née à Paris. Après avoir fait ses études en Côte-d'Ivoire, elle a reçu son doctorat à la Sorbonne, en écrivant sa thèse sur la civilisation noire américaine. Elle a écrit un roman, A Vol d'oiseau (1986). Son long poème récitatif, Latérite (1983) a reçu le Grand Prix de l'A.C.C.T. (l'Agence de cooperation culturelle et technique). Il est à noter que les Africaines, qui ont beaucoup de difficulté à se faire publier, sont plus connues pour leurs romans que pour leurs poèmes.

AVANT DE LIRE . . .

1. Pensez aux œuvres de poètes ou artistes expatriés (Marc Chagall, Salman Rushdie, etc.). Voyez comment ils utilisent leur passé, leurs traditions, mais aussi leur nouveau milieu, de nouvelles influences.

2. Avez-vous eu une expérience de départ, de déménagement? Rappelez-vous vos sentiments à ce moment-là.

3. Si vous deviez émigrer dans un autre pays, qu'emporteriez-vous avec vous? Expliquez.

4. Qu'évoque pour vous l'image du serpent?

Il faut que nous partions

Il faut que nous partions
Sur les pistes des voyageurs
Rassemble[1] ce que tu cherches
Et tiens-toi prêt déjà
5 Partout où nous irons
Il y aura des caravanes.
Apprends-moi
L'air des prairies bleues
Et souffle[2] à mon oreille
10 Ton haleine princière
Il y a tant de mots
Sous la poussière
Tant d'amours
Dans les tiroirs[3]
15 J'ai mal à croire
Que les feux de brousse

---

[1]**rassembler** to gather together   [2]**souffler** to blow   [3]**le tiroir** drawer

Sont éteints.
Raconte-moi
La parole du griot[4]
20 Qui chante l'Afrique
Des temps immémoriaux
Il dit
Ces rois patients
Sur les cimes du silence
25 Et la beauté des vieux
Aux sourires fanés
Mon passé revenu
Du fond de ma mémoire
Comme un serpent totem
30 A mes chevilles[5] lié
Ma solitude
Et mes espoirs brisés[6]
Qu'apporterais-je
A mes enfants
35 Si j'ai perdu leur âme?

Il dit
Le griot à la langue pendante
«Vous irez plus loin encore
Dans la forêt blanche
40 Des bétons[7] entassés[8]
Et vous pleurerez
Dans les quartiers boueux
D'une ville sans refuge»
Il dit aussi
45 Le griot nouveau
«Regardez!
Il est déjà des hommes
Que les révoltes étreignent».

Véronique Tadjo, *Latérite,* © Editions Hatier, 1983, droits réservés

---

[4]**le griot** African story-teller   [5]**la cheville** ankle   [6]**briser** to break   [7]**le béton** concrete
[8]**entasser** to pile up

POUR S'EXPRIMER

Remplissez les blancs avec un des mots suivants à la forme convenable.

rassembler la cheville
souffler le tiroir
briser entasser

1. Pour remplir sa valise, il a sorti les vêtements de son _____.

2. Ils avaient peur du vent qui _____.

3. Ses souliers de basket cachaient _____.

4. « _____ toutes vos affaires; il faut faire la valise!»

5. Il lui fallait trier les papiers _____ sur son bureau.

6. Ils ont abandonné la vaisselle qui était toute _____.

AVEZ-VOUS COMPRIS?

1. Sait-on où on va?
2. A qui pourraient s'adresser les mots *ton haleine princière*?
3. Que signifie *la forêt blanche/des bétons entassés*?
4. Pourquoi ressent-on la solitude, et les *espoirs brisés*?
5. Comment une ville pourrait-elle être *sans refuge*?

FAITES LE POINT!

1. Comment est-ce qu'on peut perdre *l'âme des enfants*?
2. Est-ce que le contraste entre des feux de brousse et une ville sans refuge exprime une migration actuelle (vers les villes) en Afrique?
3. Pourquoi, à ce moment de départ, la tradition et les mots du griot seraient-ils d'une grande importance?

Sénégal

David Diop (1927–1961)

David Diop, un des plus grands poètes africains, est né d'un père sénégalais et d'une mère camerounaise. Il a été enseignant en Guinée. Senghor l'a découvert jeune et a publié sa poésie, malgré la colère et la violence qu'il y exprime. Diop est mort au Sénégal à la suite d'un accident d'avion.

AVANT DE LIRE . . .

1. Ce poème est tiré d'un recueil intitulé *Coups de pilon.* Cherchez le mot *pilon* dans le dictionnaire.

2. Dans ce poème, les images de violence se mêlent aux images d'espoir. Avez-vous connaissance d'exemples vivants où cela se produit (la place Tiananmen, etc.)?

3. Dans ce poème, le narrateur s'adresse directement à un interlocuteur imaginaire avec la répétition de *Je dis . . .* Connaissez-vous d'autres poèmes dans n'importe quelle langue où cet élément de style est utilisé? Quel effet cela produit-il?

4. Quelle résonance le titre a-t-il?

Certitude

> *à Alioune Diop*[1]

A ceux qui s'engraissent[2] de meurtres
Et mesurent en cadavres les étapes[3] de leur règne[4]
Je dis que les jours et les hommes
Que le soleil et les étoiles
5 Dessinent[5] le rythme fraternel des peuples
Je dis que le cœur et la tête

---

[1]**Alioune Diop** founder of ground-breaking publisher Présence Africaine   [2]**s'engraisser** to get fat   [3]**l'étape** *(f)* stage   [4]**le règne** reign   [5]**dessiner** to draw, outline

Se rejoignent dans la ligne droite du combat
Et qu'il n'est pas de jour
Où quelque part ne naisse l'été
10 Je dis que les tempêtes viriles
Ecraseront les marchands[6] de patience
Et que les saisons sur les corps accordés[7]
Verront se reformer les gestes du bonheur.

David Diop, *Coups de pilon*, © Présence Africaine, 1956.

POUR S'EXPRIMER

Remplissez les blancs avec un des mots suivants à la forme convenable.

l'étape   dessiner
le règne   le marchand

1. _____ de Louis XVI s'est terminé de façon violente.

2. Un rythme est plus difficile à _____ qu'une fleur.

3. Il est plus facile de marchander avec un brocanteur qu'avec un

_____ de patience.

4. On doit essayer de faire des progrès par _____, au lieu
de tenter de tout saisir d'un seul coup.

AVEZ-VOUS COMPRIS?

1. A qui parle ce *Je*?
2. Citez des exemples modernes de *ceux qui s'engraissent* . . .
3. Pourquoi une image astronomique (*le soleil et les étoiles*) évoquerait-
elle le rythme?
4. Trouvez une image qui éveille l'espoir.
5. Que signifie des *corps accordés*?

FAITES LE POINT!

1. Comparez ce poème à celui de René Depestre, "Ode à Malcolm X"
(p. 103).
2. Dans le contexte du racisme, qui sont les *marchands de patience*?
3. Quel combat, quel devoir, est signalé quand *le cœur et la tête se
rejoignent*?

---

[6]**le marchand** seller, dealer   [7]**accorder** to reconcile, tally

Léopold Sédar Senghor (1906–   )

Un des fondateurs avec Aimé Césaire du mouvement social et intellectuel qui s'appelle la Négritude, Senghor est né au Sénégal. Poète et théoricien, il développe ses idées sur le rôle de l'Africain dans le monde moderne (Ce que je crois, 1988). Président du Sénégal entre 1960 et 1980, il est le premier Africain à avoir été reçu à l'Académie Française.

Le lyrisme de ses poèmes évoque surtout le village africain et la nostalgie de la vie de la tribu, avant le colonialisme. Senghor connaît aussi la France; il y passe toujours l'été. Dans "In Memoriam", il exprime les émotions complexes d'une personne dépaysée—émotions rencontrées assez souvent dans la littérature francophone.

AVANT DE LIRE . . .

1. A quoi, ou à qui, pensez-vous quand vous lisez les mots latins *In Memoriam*?
2. Un jour spécial est-il consacré à la commémoration des parents et des amis décédés?
3. Que faites-vous le dimanche? Et que font les gens qui travaillent pendant la semaine?
4. Quel est le nom du fleuve qui traverse Paris? Connaissez-vous les noms des fleuves africains?

In Memoriam

C'est Dimanche.

J'ai peur de la foule de mes semblables[1] au visage de pierre.

De ma tour de verre qu'habitent les migraines, les Ancêtres impatients

Je contemple toits et collines dans la brume

5   Dans la paix—les cheminées sont graves et nues.

A leurs pieds dorment mes morts, tous mes rêves faits poussière[2]

Tous mes rêves, le sang gratuit[3] répandu[4] le long des rues, mêlé au sang des boucheries.

Et maintenant, de cet observatoire comme de banlieue[5]

10 Je contemple mes rêves distraits le long des rues, couchés au pied des collines

Comme les conducteurs de ma race sur les rives[6] de la Gambie[7] et du Saloum[8]

---

[1]**mes semblables** people like me   [2]**la poussière** dust   [3]**gratuit** unwarranted (sometimes: free of charge)   [4]**répandu** spread   [5]**la banlieue** the suburbs   [6]**la rive** the riverbank [7]**la Gambie** the Gambia River   [8]**le Saloum** the Saloum River

Avez-vous compris?

1. Comment sont les visages de la foule?
2. Qu'est-ce qui est arrivé aux rêves de celui qui parle?
3. Quelle image apparaît à celui qui parle, au cimetière?
4. Que faut-il que les Morts fassent?
5. Où le narrateur veut-il descendre, et avec qui?

Faites le point!

1. Quels sont les rapports entre les rêves et les morts?
2. Citez les vers où l'on peut constater une attitude d'ambivalence envers les gens de Paris.
3. Il faut être sensible à ce qu'on appelle *le choc* des cultures. Comparez *In Memoriam* à l'extrait du roman de Bernard Dadié, *Un Nègre à Paris* (p. 15).

De la Seine maintenant, au pied des collines.

15 Laissez-moi penser à mes morts!

C'était hier la Toussaint,[9] l'anniversaire solennel du Soleil

Et nul[10] souvenir dans aucun cimetière.

O Morts, qui avez toujours refusé de mourir, qui avez su résister
à la Mort

20 Jusqu'en Sine[11] jusqu'en Seine, et dans mes veines fragiles, mon sang
irréductible[12]

Protégez mes rêves comme vous avez fait vos fils, les migrateurs
aux jambes minces.

O Morts! défendez les toits de Paris dans la brume dominicale[13]

25 Les toits qui protègent mes morts.

Que de ma tour dangereusement sûre, je descende dans la rue

Avec mes frères aux yeux bleus

Aux mains dures.

L. S. Senghor, *Oeuvre poétique,* © Editions du Seuil, 1990, droits réservés

POUR S'EXPRIMER

Remplissez les blancs avec un des mots suivants à la forme convenable.

mes semblables	la poussière
gratuit	la banlieue
répandre	nul

1. Les billets de théâtre n'étaient pas _____. Ils m'ont coûte 300 francs!

2. Je suis très fier parce que je gagne beaucoup plus d'argent que

_____.

3. Nous n'aimons pas les quartiers du centre; nous habitons

_____.

4. Les rues sont désertes le dimanche; je ne vois _____ automobile.

5. Les rayonnages de la bibliothèque abandonnée étaient couverts de

_____.

6. Il a renversé le verre et le lait _____ sur la table.

---

[9]**la Toussaint** November 1st, All Saints' Day   [10]**nul** not a single   [11]**la Sine** south coast region of Senegal   [12]**irréductible** indomitable   [13]**dominicale** Sunday (as an adjective)

Maroc

Tahar Ben Jelloun (1944–)

*Ben Jelloun, un des écrivains maghrébins les plus connus en France, est né
à Fès. Ses romans décrivent le déracinement de certaines cultures arabes et
l'immigration en France des travailleurs arabes. Dans ses trois romans L'Enfant
de sable (1985), La Nuit sacrée (Prix Goncourt, 1987), et Les Yeux baissés (1994),
il a examiné le déplacement au moyen du récit d'une jeune fille.*

*Il s'agit ici, comme très souvent dans l'œuvre de Ben Jelloun, d'une jeune fille
dont la situation est difficile, périlleuse.*

AVANT DE LIRE . . .

1. Songez à une œuvre anglaise où une jeune fille dépaysée pénètre une
   situation où tout est énigme et où les règles sont inverties.
2. Vous avez vu des films à suspense ou lu des romans policiers. Comment
   l'auteur crée-t-il une atmosphère d'appréhension, de danger, d'angoisse?
3. Essayez d'imaginer ce que vous ressentiriez si vous fouilliez dans les
   affaires personnelles de quelqu'un à son insu. Quelle serait votre
   réaction si vous révéliez un contenu inattendu, dangereux peut-être?

La Chambre du Consul

Il régnait à la maison une atmosphère faite tantôt de suspicion, tantôt de
complicité. Je me trouvais de plus en plus au milieu d'un drame qui se
déroulait depuis longtemps. J'étais le personnage qui manquait à cette
pièce où la scène était la maison. J'étais arrivée au moment où les conflits[1]
s'étaient épuisés, où le drame allait devenir une tragédie burlesque, où le
sang aurait été mêlé au rire, où les sentiments auraient été anéantis par
la confusion, le désordre et la perversité. J'en étais arrivée à douter des
liens[2] de parenté affichés entre l'Assise et le Consul, frère et sœur de
scène, ombres sorties d'une nuit ancienne, noircie par les vomissures

---

[1] **le conflit** conflict [2] **le lien** connection

d'une âme abîmée. Tout ne serait peut-être que jeu, où la vie serait un accessoire, un élément folklorique. L'Assise serait une manipulatrice professionnelle, le Consul, un pervers déguisé en aveugle et moi je serais la proie idéale pour une chasse imaginaire dans un lieu clos en haut d'une
5 falaise! . . . Je me disais que j'avais trop vécu dans le mensonge[3] et le simulacre pour ne pas me rendre compte que j'étais impliquée dans une étrange affaire, peut-être même une sale affaire. Je décidai alors de redoubler de vigilance, de garder les cartes du jeu nécessaires pour une sortie honorable ou une fuite soudaine. Il fallait vérifier l'état des lieux et des
10 personnages.

En faisant le ménage dans la chambre du Consul, je me mis à observer les choses et à fouiller[4] de manière discrète les affaires rangées dans l'armoire. Je n'avais jamais ouvert ce meuble. D'un côté il y avait des vêtements soigneusement pliés, de l'autre une série de tiroirs remplis d'un tas
15 de choses: dans le tiroir du haut, plusieurs trousseaux de clés dont la plupart étaient rouillées:[5] des clés anciennes, des clés cassées, des verrous noircis par une couche de poussière laissée par plusieurs graissages, des clous de toutes les formes et de toutes les tailles.

Je fermai doucement ce tiroir et en ouvris un autre au hasard. Là il y
20 avait une vingtaine de montres toutes en marche, mais chacune indiquant une heure différente. C'était une petite usine du temps dont la logique m'échappait. Certaines montres étaient en or, d'autres en argent.

Dans un autre tiroir il y avait toutes sortes de lunettes et de monocles. Des lunettes de soleil, des lunettes de vue, des lunettes vides ou à
25 moitié montées. Au fond il y avait un paquet de feuilles ficelées. C'étaient des ordonnances[6] d'ophtalmologues, des factures[7] d'opticiens, des prospectus publicitaires pour améliorer la vue. Les dates étaient anciennes.

Je continuai ma fouille en essayant d'établir un lien entre les contenus des différents tiroirs. J'en ouvris un autre. Il était tapissé d'un tissu
30 brodé. Plusieurs rasoirs[8] de barbier étaient disposés avec soin, ouverts; leur lame brillait. Dans un flacon, un œil de mouton nageait dans un liquide jaunâtre. L'œil me regardait. On aurait dit qu'il était vivant et qu'il était là pour surveiller les rasoirs. J'eus un début de nausée et fermai doucement le tiroir.

35 Ce que j'allais découvrir ensuite me glaça: dans le tiroir du bas, il n'y avait rien. Au moment où j'allais le fermer, je remarquai qu'il était moins profond que les autres. Je l'ouvris entièrement, poussai une cloison et m'apparut un revolver bien astiqué, en parfait état de marche. Il était vide. Trois chargeurs[9] pleins de balles étaient posés en pile.

40 Pourquoi gardait-il cette arme? Ce qu'il collectionnait m'intriguait mais ne m'inquiétait pas. Ce revolver tout neuf me faisait peur. Etait-il là

---

[3]**le mensonge** lie [4]**fouiller** to search through [5]**rouillé** rusty [6]**l'ordonnance** *(f)* prescription [7]**la facture** bill [8]**le rasoir** razor [9]**le chargeur** clip (of a gun)

pour un meurtre ou pour un suicide? Je m'assis sur le bord du lit et es-
sayai de comprendre le sens de tous ces objets accumulés. En face de
moi, la machine à écrire, un paquet de feuilles blanches, une chemise avec
des pages tapées. Je me levai et ouvris doucement le dossier. Je le feuil-
5 letai et lus au hasard. C'était un journal, mais aussi un récit, des comptes,
des papiers collés, des dessins[10] chaotiques.

Sur une page, cette réflexion soulignée d'un trait rouge: «Comment
aller au-delà de la mort? Certains ont érigé pour cela des statues. Il y en a
de très belles. Il y en a de terribles. Je les connais mieux que ceux qui les
10 regardent. Moi, je les touche. Je les caresse. J'en mesure l'épaisseur et l'im-
mobilité. La solution n'est pas là. Je ne proposerai à la postérité ni statue
ni un nom de rue, mais un geste, qui sera jugé absurde par les uns, sublime
par d'autres, hérétique par les bons musulmans,[11] héroïque par les fami-
liers de la mort et qui incendient les cimetières. Ce geste surprendra la
15 mort; il la devancera, la fera plier[12] et la couchera dans une botte de paille
où le feu sera mis par des mains innocentes, des mains d'enfants qui
seront figées par la lumière insoutenable que laissera ce geste . . .»

Tahar Ben Jelloun, *La Nuit sacrée,* © Editions du Seuil, 1987, droits réservés

Pour s'exprimer

Remplissez les blancs avec un des mots suivants à la forme convenable.

le conflit	rouillé
le lien	plier
le mensonge	le dessin
fouiller	

1. L'artiste a fait un _____ avant de peindre.

2. Je ne vois pas le _____ entre ces objets et le Consul.

3. Je le trouve indiscret de _____ les affaires d'un autre.

4. Voulez-vous _____ cette feuille de papier pour la rendre
plus petite?

5. On a trouvé le revolver au fond du lac; après des années dans l'eau,
il était _____.

6. On l'a attrapée; on savait la vérité, elle ne pouvait pas dire
_____.

---

[10]**le dessin** drawing   [11]**musulman** Muslim   [12]**plier** to fold

7. Il existe deux interprétations différentes de cette scène: comment résoudre _____ ?

Avez-vous compris?

1. Donnez des exemples du désordre.
2. Que fait-elle pour garder les cartes du jeu?
3. Comment la jeune fille se trouvait-elle dans la chambre du Consul?
4. Quel est le tiroir le plus choquant?
5. Qu'est-ce qui a vraiment glacé la jeune fille?

Faites le point!

1. Est-on mené à découvrir une sorte de récit à l'intérieur de ce récit? Expliquez.
2. Quel effet les affaires dans les tiroirs produisent-elles sur vous? Employez plusieurs adjectifs et plusieurs noms pour répondre.
3. L'idée d'une situation difficile à *comprendre* est importante ici. Est-ce que le contenu des tiroirs renforce cette idée? Y a-t-il d'autres éléments qui la renforcent?

7

Algérie

Réda Bensmaïa (1944–)

Réda Bensmaïa, membre du groupe ethnique et linguistique berber, est de naissance algérienne (à Kouba). Philosophe de formation, il est devenu critique important en plusieurs domaines: folklore, diaspora, cinéma, sémiotique, espaces francophones. Il enseigne actuellement à Brown University, aux Etats-Unis. Son roman, L'Année des passages, *a paru en 1996.*

AVANT DE LIRE . . .

1. Ce passage est une espèce de *péroraison.* Cherchez la définition de ce mot.
2. Selon la définition que vous avez trouvée, lisez rapidement ce passage et essayez d'en dégager seulement les émotions.
3. Quel peut être le sens de *passage* dans le titre?
4. Avez-vous fait l'expérience d'une administration pour une demande de visa, de passeport, de permis, ou même de naturalisation? Décrivez.

L'Année des passages

Quelque chose aurait dû me prévenir[1] du malheur qui allait me frapper. *Quelque chose aurait dû m'alerter.*[2] Mais je n'ai rien voulu savoir, rien voulu entendre. J'attendais dans le petit couloir de la mairie de Providence-les-deux-églises que la porte s'ouvre à nouveau et que le préposé

5   aux affaires immigrées vienne me faire signe et m'introduire dans le saint office des discussions et des reniements en tous genres.[3] J'avais *soudainement* décidé de prendre la nationalité américaine. Je devrais dire que j'avais décidé de *perdre* la nationalité algérienne dont je voulais me débarrasser *à tout prix.* Tout de suite et le plus vite possible pour ne plus

10 avoir affaire aux fonctionnaires[4] des Consulats d'Algérie du monde entier,

---

[1]**prévenir** to warn   [2]**alerter** to alert   [3]**le genre** type   [4]**le fonctionnaire** bureaucrat, civil servant

pour ne plus jamais entendre un mot de tous les petits fonctionnaires des ambassades algériennes dans le monde, pour n'avoir plus affaire à moi-même comme algérien et pour me débarrasser du monde. J'étais là pour me débarrasser[5] définitivement de mon algérianité et de toutes les parti-

5 cules étatiques qui faisaient de moi un algérien dans le monde. Le ras le bol,[6] la limite, le dégoût, l'ennui et la fièvre d'être algérien avaient atteint un degré de férocité qui m'était devenu insupportable! Il fallait que je me débarrasse de cette tunique de Nessus:[7] marre que l'on me prenne pour n'importe quoi à n'importe quelle frontière *sous prétexte que j'étais al-*

10 *gérien.* Car voyez-vous, mon cher Ambassadeur, depuis que vous avez bradé[8] cette satanée nationalité à qui mieux et à qui en veux-tu, nous les citoyens algériens de naissance, nous les *indigènes,* (Constatez, s.v.p. que je mets les virgules, Monsieur l'Ambassadeur) nous ne sommes considé-rés plus que comme des crottes![9] Je vous ai écrit pour vous dire que mon

15 passeport avait expiré depuis six mois, je vous ai fait parvenir[10] trente-cinq dollars, quatre paires de photos d'identité, deux passeports périmés depuis six mois, un extrait de mon acte de naissance, une copie de mon acte de divorce, une facture d'électricité, une photocopie de ma carte bleue, une protocopie de ma carte verte et ça ne vous a pas suffi! Il vous

20 fallait encore un extrait de naissance de mon père et un certificat de na-tionalité pour, me dit l'un de nos fonctionnaires d'état, me faire *imma-triculer!*[11] Ne trouvez-vous pas cela indécent de se faire immatriculer? *Dans immatriculé, il y a le mot trique,*[12] dit Aely, *et le mot mac et im-maculé.* Pourquoi ce désir infini de nous immatr'enculer? J'ai eu beau

25 vous expliquer que j'avais déjà fourni tous ces documents plus de trois fois depuis ma migration américaine, j'ai eu beau vous répéter que pour avoir été algérien une fois, je ne pouvais avoir magiquement changé de nationalité, mais vous n'avez rien voulu savoir. Depuis quand les hommes peuvent-ils *renaître* de leurs cendres nationales? Depuis quand les

30 hommes peuvent-ils renaître dans un lieu autre que celui où ils ont vu le jour? *On ne naît* physiquement *qu'une seule fois dans la vie,* Mon-sieur l'Ambassadeur. La folie du jour où je suis né. Je suis né à K. *une fois pour toutes* et je ne peux, hélas, renaître nulle part ailleurs. Comprenez-vous, Monsieur l'Ambassadeur, *je suis né une fois pour toutes quelque*

35 *part dans le monde* et cela que vous le vouliez ou non, rien ni personne n'y pourra rien changer, Monsieur l'Ambassadeur! Par contre, rien de plus aisé[13] que de changer de nationalité par exemple! Vous êtes bien aimable de m'assurer qu'un algérien ne perd jamais sa nationalité aux yeux du gouvernement et de l'état algériens et moi j'ai le regret de vous dire que

---

[5]**se débarrasser** to get rid of [6]**ras le bol** being fed up [7]**la tunique de Nessus** poisoned tunic, given to Hercules to kill him [8]**brader** to sell off [9]**la crotte** dropping, rubbish [10]**parvenir** to arrive [11]**immatriculer** to register [12]**Aely** character of great importance in this novel [13]**aisé** easy, relaxed

je trouve anormal d'avoir à prouver dix fois par an que je suis algérien. Je veux donc être algérien tout seul, pour moi-même! Car voyez-vous, Monsieur l'Ambassadeur, je trouve qu'il est plus facile et plus naturel d'être algérien tout seul qu'avec le gouvernement et l'état algériens ré-
5 unis. Je vous écris donc pour vous dire que je vous laisse l'Algérie, que je vous donne ma part de l'Algérie, que la part d'Algérie qui me revient, elle est dorénavant[14] rien qu'à vous et à l'État. Prenez-la! Je vous la donne et sans remords![15] Je vous donne *le final de mon corps, de mon individu, de mon être, de ma conscience, de mon principe, de mon essence, de*
10 *ma distinctivité, de mon originalité, de ma différenciation, de mon in-différenciation et de mon tronquage!* Ce que je cherche est de sup-primer cette opération! Moi, j'ai décidé d'être un algérien à part entière *en devenant américain!* Moi, j'ai décidé solennellement de faire don de ma nationalité algérienne à l'Algérie, aux ânes et aux autres! Je sais que
15 cette formule vous paraîtra un peu paradoxale et *quasiment* violente, mais elle m'agrée. Elle m'enchante même et me paraît plus juste car en devenant *algérien-américain,* je pourrais réclamer mes droits de citoyen minoritaire partout où je serai, je veux dire y compris dans mon pays, l'Al-gérie, alors que comme algérien-*algérien,* je ne me suis jamais vu recon-
20 naître de droits et ne suis donc *rien. Algérien-Rien,* voilà la formule . . .

Réda Bensmaïa, *L'Année des passages,* © L'Harmattan, 1996, droits réservés

POUR S'EXPRIMER

Choisissez dans la colonne de droite un synonyme pour chaque mot à gauche:

prévenir	facile
se débarrasser	arriver
le genre	la contrition
parvenir	alerter
aisé	laisser tomber
le remords	l'espèce

AVEZ-VOUS COMPRIS?

1. Quel est l'endroit qui déclenche ces pensées?
2. Est-ce que l'Ambassadeur est vraiment là?
3. Que veut dire *J'en ai marre.* ou *J'en ai ras le bol!*?
4. Quel effet est produit par ces longues phrases?
5. Quelle formule *enchante* le narrateur?

---

[14]**dorénavant** from now on   [15]**le remords** remorse

FAITES LE POINT!

1. Est-ce que la phrase *pour n'avoir plus affaire à moi-même comme algérien et pour me débarrasser du monde* résume plusieurs des idées centrales de cette péroraison? Expliquez.

2. Discutez ce qui unit et différencie les deux idées du texte: l'idée d'une nationalité particulière, et l'idée même de la nationalité (celle qui a conduit le narrateur à ce moment diplomatique).

3. Comment l'auteur aborde-t-il, au travers de la question de la nationalité, les problèmes de l'identité individuelle?

Kateb Yacine (1929–1989)

Kateb Yacine est né à Constantine. Kateb, écrivain en arabe—a étudié à l'école coranique, puis à l'école française. Il a aussi appris les traditions populaires du Maghreb. Il a été emprisonné, après une manifestation politique, et il a déclaré que pour lui, les activités les plus importantes étaient "la poésie et la révolution".

Kateb a été journaliste et directeur d'une troupe de théâtre. Son célèbre roman, Nedjma (1956), comme ses pièces, sont ardus à comprendre; Nedjma éblouit par un effet de montage, et offre une sorte d'anthropologie poétique de l'Algérie.

AVANT DE LIRE . . .

1. Pensez à différents synonymes employés en français pour le mot *rue* (par exemple, rue, allée, artère, impasse). Etudiez votre liste pour voir si certains mots sont utilisés dans d'autres contextes. Quelles images peuvent être dérivées de ces différents usages?

2. Connaissez-vous le roman d'Albert Camus intitulé *La Peste*? Rappelez-vous les descriptions des cadavres pestiférés qui jonchent les rues?

3. Pensez à des descriptions de la guerre ou d'émeutes aussi bien en peinture qu'en littérature (Goya, Victor Hugo). Comment la souffrance et la mort sont-elle traduites?

Le Cadavre encerclé

Casba, au-delà des ruines romaines. Au bout de la rue, un marchand accroupi devant sa charrette vide. Impasse débouchant sur la rue en angle droit. Monceau de cadavres débordant sur le pan de mur. Des bras et des têtes s'agitent désespérément. Des blessés viennent mourir
5 *dans la rue. A l'angle de l'impasse et de la rue, une lumière est projetée sur les cadavres qui s'expriment tout d'abord par une plaintive rumeur qui se personnifie peu à peu et devient voix, la voix de Lakhdar blessé.*

LAKHDAR. Ici est la rue des Vandales. C'est une rue d'Alger ou de Constan-
10 tine, de Sétif ou de Guelma, de Tunis ou de Casablanca. Ah! l'espace manque pour montrer dans toutes ses perspectives la rue des mendiants et des éclopés,[1] pour entendre les appels des vierges somnambules, suivre des cercueils d'enfants, et recevoir dans la musique des maisons closes le bref murmure des agitateurs. Ici je suis né, ici je
15 rampe encore pour apprendre à me tenir debout, avec la même blessure ombilicale qu'il n'est plus temps de recoudre; et je retourne à la sanglante source, à notre mère incorruptible, la Matière jamais en dé-

---

[1] **l'éclopé** *(m)* physically handicapped

faut, tantôt génératrice de sang[2] et d'énergie, tantôt pétrifiée dans la combustion solaire qui m'emporte à la cité lucide au sein frais de la nuit, homme tué pour une cause apparemment inexplicable tant que ma mort n'a pas donné de fruit, comme un grain de blé dur tombé sous
5 la faux[3] pour onduler plus haut à l'assaut de la prochaine aire à battre, joignant le corps écrasé[4] à la conscience de la force qui l'écrase, en un triomphe général, où la victime apprend au bourreau le maniement des armes, et le bourreau ne sait pas que c'est lui qui subit, et la victime ne sait pas que la Matière gît inexpugnable dans le sang qui sèche et le
10 soleil qui boit . . . Ici est la rue des Vandales, des fantômes, des militants, de la marmaille circoncise et des nouvelles mariées; ici est notre rue. Pour la première fois je la sens palpiter comme la seule artère en crue où je puisse rendre l'âme sans la perdre. Je ne suis plus un corps, mais je suis une rue. C'est un canon qu'il faut désormais pour
15 m'abattre. Si le canon m'abat je serai encore là, lueur[5] d'astre glorifiant les ruines, et nulle fusée[6] n'atteindra plus mon foyer à moins qu'un enfant précoce ne quitte la pesanteur terrestre pour s'évaporer avec moi dans un parfum d'étoile, en un cortège intime où la mort n'est qu'un jeu . . . Ici est la rue de Nedjma mon étoile, la seule artère où je veux
20 rendre l'âme. C'est une rue toujours crépusculaire, dont les maisons perdent leur blancheur comme du sang, avec une violence d'atomes au bord de l'explosion.

Un silence, puis la voix de Lakhdar reprend.

Ici sont étendus dans l'ombre les cadavres que la police ne veut pas
25 voir; mais l'ombre s'est mise en marche sous l'unique lueur du jour, et le tas[7] de cadavres demeure en vie, parcouru par une ultime vague de sang, comme un dragon foudroyé rassemblant ses forces à l'heure de l'agonie,[8] ne sachant plus si le feu s'attarde sur sa dépouille[9] entière ou sur une seule des écailles à vif dont s'illumine son antre;[10] ainsi survit
30 la foule à son propre chevet, dans l'extermination qui l'arme et la délivre; ici même abattu, dans l'impasse natale, un goût ancien me revient à la bouche, mais ce n'est plus la femme qui m'enfanta ni l'amante dont je conserve la morsure, ce sont toutes les mères et toutes les épouses dont je sens l'étreinte hissant mon corps loin de moi, et seule
35 persiste ma voix d'homme pour déclamer la plénitude d'un masculin pluriel; je dis Nous et je descends dans la terre pour ranimer le corps qui m'appartient à jamais; mais dans l'attente de la résurrection, pour que, Lakhdar assassiné, je remonte d'outre-tombe prononcer mon oraison funèbre, il me faut au flux masculin ajouter le reflux pluriel, afin
40 que la lunaire attraction me fasse survoler ma tombe avec assez d'en-

---

[2]**le sang** blood   [3]**la faux** scythe   [4]**écrasé** crushed   [5]**la lueur** gleam   [6]**la fusée** rocket
[7]**le tas** pile   [8]**l'agonie** *(f)* moment of death   [9]**la dépouille** skin, cadaver   [10]**l'antre** *(f)* lair

vergure[11]. . . Ici je me dénombre et n'attends plus la fin. Nous sommes morts. Phrase incroyable. Nous sommes morts assassinés. La police viendra bientôt nous ramasser.[12] Pour l'instant, elle nous dissimule, n'osant plus franchir l'ombre où nulle force ne peut plus nous dis-
5 perser. Nous sommes morts, exterminés à l'insu de[13] la ville . . . Une vieille femme suivie de ses marmots nous a vus la première. Elle a peut-être ameuté les quelques hommes valides qui se sont répandus à travers nous, armés de pioches[14] et de bâtons pour nous enterrer par la force . . . Ils se sont approchés, à pas de loup, levant leurs armes au-
10 dessus de leur tête, et les habitants les observaient du fond de leurs demeures éteintes, partagés entre l'angoisse et la terreur à la vue des fantômes penchés sur le charnier. Un grand massacre avait été perpétré. Durant toute la nuit, jusqu'à la lueur matinale qui m'éveille à présent, les habitants restèrent claquemurés,[15] comme s'ils prévoyaient leur
15 propre massacre, et s'y préparaient dans le recueillement; puis les fantômes eux-mêmes cessèrent leurs allées et venues, et les derniers chats firent le vide; des passants de plus en plus rares s'inquiétaient de nos râles, et s'arrêtaient un instant sur les lieux de la mêlée; aucune patrouille ne vint troubler leurs furtives méditations; ils connurent un
20 nouveau sentiment pour les obscurs militants dont le flot mugissait encore à leurs pieds, dans cette rue qu'ils avaient toujours vue pourrie et sombre, où la gloire d'un si vaste carnage venait soudain prolonger l'impasse vers des chevauchées à venir.

Nedjma, voilée, quittant sa chambre, va vers l'impasse. Elle déchire son
25 *voile, sa joue, sa robe et se lamente.*

Nedjma. Voyez la poitrine[16] aveugle
   Loin de l'amant sevré
   Jamais ne sera mûr
   Le sein noirci par l'absence
30   Plus une bouche ne saura m'écumer.
   Lakhdar s'endort avec d'autres que moi.
   Vous m'aviez prévenue
   J'avais rêvé la fusillade
   Mais il devait revenir au crépuscule
35   Je devais lui cacher mes pleurs et son couteau
   Et me voici vouée à la nuit solitaire
   Veuve jamais déflorée
   Fleur aveugle cherchant l'élu emporté
   En l'holocauste de fourmilière[17] qui hante sa corolle

---

[11]**l'envergure** *(f)* span, scope   [12]**ramasser** to collect, pick up   [13]**à l'insu de** *(qqn)* without (someone) knowing   [14]**la pioche** pickax   [15]**claquemuré** shut in   [16]**la poitrine** chest, breast   [17]**la fourmilière** anthill

Ainsi m'a quittée Lakhdar la mâle fourmi
qui traversa la parfum altier de ma couche
pour tomber en ce tas de corps inconnus

HASSAN. Depuis que Lakhdar est parti, nous sommes là, sans nouvelles.
5   Nedjma n'a pas bougé de la journée. A présent elle s'en va silencieuse
à la faveur de la nuit. Oui, c'est sa silhouette qui s'éloigne le long des
murs. Je ne l'ai pas entendue sortir . . .

MUSTAPHA (*brusquement tiré de sa somnolence*). Nedjma! Il ne faut pas
la laisser partir. Appelle-la! N'oublie pas que Lakhdar l'a laissée ici,
10   même s'il n'a pas prévu qu'elle resterait sous notre garde . . . Regarde-
la enjamber les morts. La stupeur ni la crainte n'ont appesanti sa démarche. La voici qui s'arrête devant l'impasse macabre. Son voile flotte
dans la nuit; on croirait, chavirant,[18] une barque immobilisée pour nous
révéler[19] l'horizon; rejoins-la vite. En un clin d'œil elle peut s'évanouir.
15   La feinte la plus subtile de la gazelle en fuite n'est souvent qu'une halte
à portée de fusil.

*Hassan est sorti furtivement à la rencontre de la silhouette. Après un
moment d'obscurité sur la scène, entre Nedjma, hagarde, le voile dé-
chiré, suivie de loin par Hassan. Elle s'assied sur un banc.*

20   TAHAR (*avec un rire forcé*). Ton café est encore chaud . . . Mais, dis, où
allais-tu? Chez tes parents?

MUSTAPHA. Laisse-la boire. Elle n'a pas de famille. (*A Nedjma*) Il faut simplement attendre; tu connais Lakhdar mieux que nous . . .

TAHAR (*revenant à la charge*). On ne quitte pas sa famille pour un fou
25   comme Lakhdar.

HASSAN (*exaspéré*). Sache-le bien, charogne, n'était l'ami absent, nous ne
t'aurions jamais ouvert notre porte. Ce n'est pas pour tes cheveux
blancs.

TAHAR. Lakhdar! Lakhdar! . . . Je n'entends que ce nom. N'est-il pas mon
30   fils avant tout? . . .

HASSAN. Le fils de sa mère: je le précise pour toi. Pourquoi évoquer ici ta
stérilité? Tu n'es qu'un vieux bourdon radoteur.[20]

[. . .]

Kateb Yacine, *Le Cadavre encerclé,* © Editions du Seuil, 1959, droits réservés

---

[18]**chavirer** to capsize   [19]**révéler** to reveal   [20]**radoteur** rambling, talking drivel

Pour s'exprimer

Remplissez les blancs avec un des mots suivants à la forme convenable.

le sang   la poitrine
écraser   révéler
la lueur   le tas
ramasser

Par une faible _____, on a vu qu'il y avait eu un accident.

Un camion était renversé. La charrette d'un chiffonnier aussi. Il y avait des

_____ de vêtements partout. La femme du camionneur a

couru vers la scène; elle a ressenti une douleur à _____ parce

qu'elle croyait que c'était son mari, _____ sous le camion.

La lumière plus forte du soleil a _____ que ce n'était pas

_____, mais des vêtements et des centaines de tomates. On

a vite rétabli la circulation, après _____ les fruits et les étoffes.

Avez-vous compris?

1. A quel moment comprenez-vous qu'il s'agit d'une énumération, que ces horreurs sont évidemment de trop, qu'elles ont un effet théâtral?

2. Quelle fonction Lakhdar remplit-il pour le public?

3. Quel est le premier sentiment positif que vous entendez au sujet de Lakhdar?

4. Sait-on quelle sorte de massacre a eu lieu? Imaginez cette scène représentée au théâtre. Est-ce que les éléments scéniques du début aident à la compréhension?

5. Pourquoi Nedjma cherche-t-elle Lakhdar?

Faites le point!

1. Notez le mot *impasse*. Est-ce que ce mot évoque un peu le même sentiment d'impasse que celui décrit par Albert Memmi dans *La Statue de sel* (p. 47)?

2. Que veulent dire les images positives prononcées par Lakhdar: *la survie, la gloire d'un si vaste carnage, je suis une rue*?

3. Quels événements historiques, en Algérie, pourraient être évoqués par ce carnage? Citez n'importe quelle époque.

4. Relevez les effets de poésie et d'humour dans ce passage. Notez par exemple comment les mots *charogne* et *bourdon* sont employés pour amuser le lecteur. Ecoutez les changements de ton des personnages.

Rachid Mimouni *(1945–1995)*

Rachid Mimouni, qui est né à Boudouaou (Alma), près d'Alger, a d'abord publié en Algérie. Puis la parution en France de ses romans a été accueillie par beaucoup de succès. Il a longtemps enseigné en Algérie dans une école de commerce. Comme L'Honneur de la tribu, *ses romans développent le thème des affres de la décolonisation, aussi bien que celui de la modernisation. Il est mort au Maroc, très déprimé par la situation politique en Algérie.*

Les événements se déroulent dans un village de gens déplacés. Ils ont été forcés, il y a longtemps, à quitter une vallée lointaine et plus féconde. Ils subissent les visites, pendant des décennies, d'abord des administrateurs français et ensuite, après l'indépendance (algérienne), de nouveaux fonctionnaires accablants.

AVANT DE LIRE . . .

1. Connaissez-vous des gens déplacés qui parlent souvent de leur pays d'origine?

2. Croyez-vous au sort, au destin? Avez-vous quelquefois eu des prémonitions? Expliquez.

3. Pensez à des expulsions (celle des Indiens américains, par exemple). Qu'est-ce que ces populations abandonnent? Y a-t-il quelquefois des aspects positifs qui résultent d'une expulsion?

4. Un des thèmes du texte est le changement. Pouvez-vous évoquer des sortes différentes de changement? Suggestions: changement provoqué par une invasion, créé par le progrès, par un nouvel emploi dans une ville différente, etc.

L'Honneur de la tribu

—Votre sort[1] est désormais entre vos mains, ajouta-t-il en descendant de voiture.

A l'annonce de la nouvelle, Georgeaud regagna silencieusement son épicerie laissée sous la garde des mouches pour réfléchir à son aise.[2] Il
5 promena un regard neuf sur les pauvres étagères où s'alignaient les quelques produits qu'on pouvait vendre à la clientèle locale. Cet examen lui arracha une moue condescendante.

—Il va falloir se transformer. Des gens très instruits vont venir s'installer ici. Ils jouiront d'un salaire élevé et régulier. Il s'agira de les fournir
10 en ces superflus si coûteux et si profitables. Il faut songer à s'agrandir. Je vais essayer de racheter le local de mon voisin le brodeur de burnous.[3] Il s'est tellement usé les yeux à la tâche[4] qu'il est devenu incapable de re-

---

[1] **le sort** fate   [2] **à son aise** at his leisure   [3] **le burnous** burnoose, hooded cloak worn by Arabs   [4] **la tâche** task

connaître ses amis, encore moins les prémices des bouleversements à venir. Il me cédera sa boutique pour le prix de trois chèvres. Je serai riche et j'installerai un téléphone pour le plaisir de dire bonjour aux anciens compagnons de tranchée restés en France.

5 Mais Georgeaud était un excentrique et son long exil avait favorisé en lui des lubies[5] et des propos frisant l'hérésie.

Quant à Mohamed, il se demandait s'il allait être enfin libéré de la tutelle de Sidi Bounemeur et accéder au poste de maire à part entière.

—Tu en es sûr? insista-t-il.

10 —C'est même eux qui vont désormais dépendre de nous, lui affirma le fils d'Ali.

—Quand est-ce que cela va se faire?

—Cela ne saurait tarder.

Pour sa part, le fils d'Ali, ne doutant plus que sa requête allait être sa-
15 tisfaite, se mettait à caresser le rêve de construction d'un véritable hôtel des postes, avec une suite de guichets numérotés, une machine à oblitérer les lettres et un standard téléphonique sans cesse bourdonnant d'appels.

Tous les autres habitants de Zitouna tentaient de cacher au fond de leur être la sourde crainte des changements annoncés.

20 —Un préfet,[6] qu'est-ce que c'est? demanda Djelloul le forgeron.

—Je n'en ai jamais vu, répliqua Aïssa le boiteux.

—Que va-t-il nous arriver?

Nous ne savions pas alors que nos malheurs ne faisaient que commencer.

25 Nous avions jusque-là vécu dans la sérénité, ignorants et ignorés du monde, ayant su faire notre profit des expériences de nos sages et des en-
seignements de nos saints pour les traduire en lois et coutumes que se chargeait d'appliquer une assemblée dont on avait désigné les membres à raison de leur savoir, de leur équité ou de leur verbe. Nous avions appris à
30 faire le dos rond contre les assauts de l'adversité, conscients que les plus grands dangers surgiraient[7] de notre sein.

Il y avait plus d'un siècle et demi que nos ancêtres avaient pu comprendre et interpréter les signes avant-coureurs des temps nouveaux. Ils disaient:

35 —Les fils de l'Islam sont longtemps restés endormis, subjugués par un rêve de puissance surannée. Chaque pays comptait sur la force protec-
trice du voisin, de Bagdad au Caire, de Cordoue à la Sublime Porte. Mais sous les coups de boutoir du Chrétien, voici l'Espagne région par région reconquise, voici Grenade menacée. Nul ne viendra à son secours,[8] en dé-
40 pit de ses appels. A peine le Castillan occupait-il l'Alhambra[9] que ses na-

---

[5]**la lubie** whim, fantasy   [6]**le préfet** administrative official   [7]**surgir** to spring forth, rise up
[8]**le secours** help, aid   [9]**l'Alhambra** Moorish palace in Granada, Spain

vires harcelaient les fortifications des ports maghrébins.[10] Les assaillants furent souvent défaits, ils purent parfois prendre pied dans certains ports. Puis surgirent les formidables flottes de ces peuples devenus maîtres dans l'art de faire fondre non seulement le cuivre et le plomb, mais aussi le fer
5 et les métaux les plus durs. Et nous nous sommes réveillés faibles et désarmés. Nous sommes vaincus, et notre déroute est totale. Il nous faut désormais nous préoccuper seulement de survivre. Bien des lustres s'écouleront avant qu'on puisse redresser la tête. Si nous savons préserver la concorde et notre unité, peut-être alors que les arrière-petits-enfants de
10 nos arrière-petits-enfants retrouveront l'espoir, l'ambition, et la vanité de scruter[11] l'avenir. Quant à nous, nous sommes perdus. L'Histoire est rancunière.

Cela se passait au cours de cette longue retraite qui devait mener les rangs[12] clairsemés[13] de notre tribu défaite jusqu'en ces lieux.
15 —Comment survivrons-nous en cette contrée de la désolation? avaient demandé ceux qui regrettaient la vallée heureuse qui avait enchanté leur jeunesse. Nous ne voyons à l'entour que poussière et pierraille. Nulle source et nulle rivière. Ni l'arbre ni l'herbe. Y pleut-il jamais? Quel limon nourrira[14] le blé? Que mangeront nos bêtes? Quelle araire re-
20 tournera ce sol? Où est la terre noire qui s'ouvrait sous le soc comme la femme aimante à la première caresse de l'élu?[15] Et qui tout aussi prégnante et en souvent moins de temps vous récompensait de vos efforts? Vers où s'écoulent ces ruisseaux guillerets qui prenaient plaisir à musarder parmi nos vergers? Se sont-ils asséchés? Qui songera à tailler nos
25 amandiers?[16] Qui prêtera son oreille au chant du rossignol?

Les plus sages d'entre les sages (Allah est le plus sage) leur conseillèrent la résignation.

—Inutile de vous lamenter. Vous ne reverrez plus jamais la vallée de la grenade et de la joie de vivre.

Rachid Mimouni, *L'Honneur de la tribu,* © Editions Robert Laffont, 1989, droits réservés

---

[10]**maghrébin** pertaining to the Arab countries of North Africa   [11]**scruter** to scrutinize
[12]**le rang** row   [13]**clairsemé** scattered   [14]**nourrir** to nourish   [15]**l'élu** *(m)* chosen one, husband   [16]**l'amandier** *(m)* almond tree

POUR S'EXPRIMER

Remplissez les blancs avec un des mots suivants à la forme convenable.

à son aise   le secours

le sort   le rang

la tâche   nourrir

surgir

1. Les administrateurs ont vu _____ une résistance violente.

2. Les ruisseaux _____ les amandiers.

3. Pour maintenir l'ordre, on avait ordonné aux gens de former des

_____ .

4. Le fonctionnaire travaillait à une _____ sans intérêt.

5. On contemplait la défaite, et les autres tribus n'ont offert nul

_____ .

6. Après le désastre, on avait accepté tout, en disant que l'on ne peut rien

contre _____ .

7. Il ne faisait rien, se tenant tranquille dans l'ombre, _____ .

AVEZ-VOUS COMPRIS?

1. Comment Georgeaud va-t-il profiter des changements?

2. Quelle est la religion de ces gens?

3. Pourquoi la religion et l'histoire auraient-elles une importance agrandie pour les gens de ce village?

4. Savez-vous qui a expulsé les musulmans de l'Espagne?

5. Que veut dire, ici, "L'Histoire est rancunière"?

FAITES LE POINT!

1. "Nous sommes vaincus, et notre déroute est totale." Cette situation pourrait-elle aussi être porteuse d'espoir? Discutez.

2. Nommez les forces qui peuvent déplacer un peuple.

3. Trouvez dans le texte les éléments qui indiquent que la lutte contre la technologie est perdue.

Tunisie

8

Albert Memmi (1920–)

*Albert Memmi est peut-être écrivain tunisien le mieux connu. Sa formation a été
en philosophie. Très tôt, il s'est intéressé au problème de l'identité, et particulière-
ment au défi d'être juif dans un pays arabe, colonisé par les Français. Ses essais
examinent le racisme et le colonialisme (*Portrait du colonisé, 1957); le roman
La Statue de sel *est son chef-d'œuvre.*

AVANT DE LIRE . . .

1. Songez à vos matins, à vos réveils. Les avez-vous jamais décrits dans
   votre journal?
2. Vous rappelez-vous une expérience effrayante pendant votre enfance.
   Essayez de l'évoquer telle que vous l'avez vécue alors.
3. Qu'est-ce que le mot *ghetto* évoque pour vous? Quels sont les ghettos
   que vous connaissez? Quels sont certains éléments qui vous viennent
   à l'esprit lorsque vous pensez à un ghetto?
4. Le titre de l'extrait est *L'Impasse.* Quels sont les adjectifs que vous
   associez à une impasse? Quelles sont les différentes significations
   (propres et figurées) que le mot peut avoir?

L'Impasse

La respiration sifflante[1] et pressée de mon père rythmait le silence noc-
turne de la chambre. Le monde de mon enfance fut rassuré, protégé, par
ce souffle d'asthmatique qui dissipait les frayeurs de mes réveils[2] solitaires. Lorsque la lune haute s'engouffrait dans l'étroite Impasse, l'inquié-
5 tude de la nuit s'arrêtait aux barreaux de la fenêtre dont l'ombre tour-
nante quadrillait le mur. Je n'aimais pas, cependant, fixer la chambre
engluée de noir qui gonflait les vêtements accrochés aux clous, derrière
la porte fermée, bouchait la glace de l'armoire, et se diluait bleu près de la

---

[1]**siffler** to whistle   [2]**le réveil** awakening

fenêtre. Je maintenais mes paupières fermées et rapidement m'endormais. Je veux m'en souvenir: ma vie connut des jours d'innocence où il me suffisait de fermer les yeux pour ne pas voir.

Régulièrement, à l'aube, j'étais réveillé par les roulements hoqueteux
5 et sourds des tombereaux d'ordures.[3] Effrayé, je me serrais contre mon père, dans le grand lit familial, lui mettant les jambes sur le ventre. Lui, posait sa grosse main sur ma tête, d'un geste devenu rituel. Après les chocs sonores des poubelles vides retombant sur le sol, le tombereau s'éloignait lourdement, trébuchant de toutes ses planches mal jointes sur les pavés
10 cahoteux.[4] Je me rendormais jusqu'au matin. Ma mère, levée la première, commençait aussitôt sa vie quotidienne, toujours pressée; et bientôt l'odeur du café maure[5] débordait de la cuisine et parfumait la chambre. Mes matins d'espoir doivent embaumer le café maure.

Nous habitions au fond de l'impasse Tarfoune, une petite chambre où
15 je suis né, un an après ma sœur Kalla. Nous partagions avec la famille Barouch l'entresol d'un vieil immeuble[6] informe, une espèce d'appartement de deux chambres; la cuisine, moitié mansardée, moitié cour, se poursuivait en long couloir vertical jusqu'à la lumière. Mais avant d'aboutir au carré de ciel bleu pur, elle recevait par la multitude des fenêtres les
20 fumées, les odeurs et l'incessant bavardage des voisins. La nuit chacun s'enfermait à clef dans sa chambre; mais le matin la vie, toujours commune, courait le long du tunnel, mêlant l'eau des éviers,[7] les odeurs du café et les voix encore brouillées.

A tour de rôle,[8] les Barouch et nous, passions à la cuisine devant
25 l'unique lavabo à fontaine unique. Nous arrivions tout habillés pour ne pas prendre froid en traversant la cour et nous nous contentions de nous savonner le visage jusqu'aux oreilles, évitant soigneusement de mouiller nos cols de chemise. Mais il nous était interdit, par coquetterie, hygiène et superstition religieuse, de nous mettre à table sans avoir lavé nos vi-
30 sages. Dans l'Impasse, le chevrier s'impatientait et l'annonçait à coups de trompe prolongés. Ma mère enlevait[9] les deux barres de fer qui protégeaient la porte extérieure contre les voleurs et les pogromes.[10] Je n'osais jamais la suivre, quand elle bousculait la foule compacte des chèvres, qui la regardaient sans bouger de leurs yeux insolents et étonnés. Le chevrier
35 maltais,[11] les flancs ceints d'une épaisse ceinture de flanelle rouge, s'accroupissait contre le mur, sur ses bottes rapiécées. Il prenait le pot d'argile cuite et attrapait une chèvre au hasard; il en tirait de brusques traits de lait fumant. Les nourrissons en colère, toujours nombreux dans le quartier, pleuraient de leurs voix aigrelettes. La rue s'éveillait à regret;
40 grognait de toutes ses fenêtres ouvertes, secouait l'engourdissement

---

[3] **le tombereau d'ordures** trash wagon   [4] **cahoteux** jolting   [5] **maure** Moorish   [6] **l'immeuble** *(m)* apartment building   [7] **l'évier** *(m)* sink   [8] **à tour de rôle** by turns   [9] **enlever** to take off, remove   [10] **le pogrome** pogrom, mass attack on Jews   [11] **maltais** Maltese, from Malta

d'une brume légère qui tombait lentement sur les pavés mouillés. Le soleil était encore bienveillant. Ma mère retraversait le troupeau, poussant les obstinées de la main, protégeant son pot contre d'imprévisibles caprices. Nous déjeunions dans la chambre, pleine encore des odeurs du
5　sommeil, sur la table ronde, seul héritage du grand-père, entre le mur de chaux bleue et le lit tiède, lourd d'une montagne de couvertures rouges et vertes.

　　Un matin, ma mère oublia la porte entrebâillée. Je l'ouvris toute grande et me trouvai, pour la première fois, seul en face des chèvres,
10　monstres aux longs poils soyeux, noirs et rouille, qui me dépassaient de la tête et des cornes. J'hésitai sur le seuil, mais un plan, mûri depuis longtemps, et toujours retardé, me poussait: enfin se présentait l'occasion d'essayer le monde tout seul, et aussi, de me venger des chèvres provocantes. Sans bouger, je choisis du regard la plus terrible et la plus mater-
15　nelle, aux mamelles bien gonflées.[12] Elle me tournait la tête. Doucement je fis quelques pas, j'avançai la main, puis, brusquement, étreignant à poigne pleine le pelage abondant de sa croupe, je tirai aussi fort que je pus. Alors il se passa une chose que je m'étais refusé à prévoir[13] car le courage exige le mépris des conséquences: la bête ne se déroba pas, ne poussa pas de
20　cri de douleur; faisant volte face, baissant la tête, elle me présenta ses cornes pointues et chargea, sa clochette[14] sonnant furieusement le danger. Je poussai un hurlement horrible et me jetai vers l'entrée. Je ne sais plus, je n'ai jamais su si les cornes m'avaient frôlé; je claquai la porte et, toujours hurlant de tout mon gosier,[15] je m'arc-boutai de mes deux
25　paumes au vantail, comme si je contenais l'enfer.

Albert Memmi, La Statue de sel, © Editions Gallimard, 1953, droits réservés

POUR S'EXPRIMER

Choisissez le mot qui convient le mieux pour remplir le blanc:

1. Les lèvres avancées, on a _____ pour attirer les chèvres.
   a. fouetté
   b. reniflé
   c. sifflé

2. Ses _____ étaient joyeux: il aimait sentir l'odeur du café du petit déjeuner.
   a. sommeils
   b. réveils
   c. jouets

---

[12]**gonflé** swollen　[13]**prévoir** to predict　[14]**la clochette** bell worn on the neck by livestock
[15]**de tout mon gosier** as loud as I could

3. Les chèvres l'ont _____ en montrant une force violente.

    a. effrayé

    b. gonflé

    c. examiné

4. Ils occupaient un appartement dans un grand _____.

    a. carrefour

    b. arbre

    c. immeuble

5. En entrant, ils ont _____ leurs manteaux.

    a. mis

    b. enlevé

    c. oublié

6. Il avait cru que les chèvres étaient dociles; leur attaque était impossible

    à _____ .

    a. analyser

    b. dépeindre

    c. prévoir

AVEZ-VOUS COMPRIS?

1. Qu'est-ce qui rassurait l'enfance du narrateur?

2. Où, exactement, cette famille habitait-elle?

3. Comment était le son des poubelles? Quel effet avait-il sur le garçon?

4. Quelles sont les trois raisons pour se laver le visage avant de manger?

5. Quelle sorte de lait buvait-on dans cette famille?

6. Comment se fait-il que le garçon s'est un jour retrouvé parmi les chèvres?

7. Est-ce qu'il a été heurté par les cornes?

FAITES LE POINT!

1. Comment savez-vous que l'on est au ghetto? Donnez plusieurs raisons.

2. Comment l'innocence, et la possibilité de la perdre sont-elles évoquées?

3. L'incident des chèvres pourrait-il symboliser une aventure plus large? Comment?

Liban

9

Georges Schehadé (1907–1989)

Georges Schehadé est un écrivain libanais de langue française qui est né en Egypte. Très connu pour ses pièces, il est aussi poète. Son théâtre, ludique et peu réaliste, a été comparé au nouveau théâtre, surnommé le théâtre de l'absurde, de Beckett et d'Ionesco. Sa pièce La Soirée des proverbes *a été créée en 1953 par un des plus célèbres metteurs en scène: Jean-Louis Barrault. Au centre de la pièce est une soirée pleine de mystère, à l'intérieur d'un château où des vieux ont décidé de se réunir pour recréer leur jeunesse. Dans cet extrait, les personnages principaux, qui sont exclus du château, tâchent de voir ce qui se passe à l'intérieur. Le concierge vient de leur annoncer: «Je ne suis que le Concierge de la soirée; je ne peux rien pour vous. Bonsoir.» Mais Argengeorge, un jeune, a pénétré le château.*

AVANT DE LIRE . . .

1. Que savez-vous sur le *théâtre de l'absurde*? Qu'est-ce qui vous vient à l'esprit lorsqu'on parle d'absurde?

2. Avez-vous déjà été dans une situation où vous ne voyez pas tout ce qui se passe et que quelqu'un décrit? Racontez. Quel était votre sentiment?

3. Pouvez-vous penser à des pièces du théâtre classique où le spectateur connaît des éléments de la situation que les participants de la pièce ignorent? Quel genre de situation cela crée-t-il?

4. Vous êtes metteur en scène (*stage director*). Quelles astuces utiliseriez-vous pour recréer un tableau où les personnages sont à l'extérieur de l'endroit où se déroulent les événements qui font l'objet de l'intrigue?

La Soirée des proverbes

CASTOR, *à voix basse.* Ils sont assis autour d'une table comme dans le règne du ciel. *(Après un temps, à Esfantian.)* Transmettez, aubergiste.

Esfantian se penche et chuchote[1] *quelque chose à l'oreille du Diacre, qui à son tour le chuchote à Philippe l'Effrayant.*

5 PHILIPPE L'EFFRAYANT, *au Diacre, montrant son autre oreille.* Je préfère vous tendre celle-ci, elle est plus ouverte.

LE DIACRE CONSTANTIN, *à Philippe l'Effrayant.* Ne bougez pas ainsi, vous allez rompre le câble . . . ou détourner le ruisseau.

ESFANTIAN. Stationnez, Monsieur Philippe. *(Puis d'une voix particulière.)*
10 Philippe l'Effrayant!

A ce moment la fenêtre s'ouvre, et Philippe l'Effrayant reçoit sur le visage un paquet d'eau.

PHILIPPE L'EFFRAYANT. Que se passe-t-il, Monsieur le Diacre? . . . Je suis transpercé![2]

15 *Les personnages consultent du regard Castor.*

CASTOR, *sur l'arbre, à voix basse.* On change l'eau du poisson Marcellus.

LE DIACRE CONSTANTIN, *après avoir prêté assistance à Philippe l'Effrayant.* Alors, Castor?

CASTOR, *en poussant un cri.* Ah!

20 *Il chuchote quelque chose à Esfantian, qui le rechuchote au Diacre. A son tour le Diacre le glisse à l'oreille de Philippe l'Effrayant.*

PHILIPPE L'EFFRAYANT. *(Il répète tout haut.)* Ils rajeunissent[3] à vue d'œil? Octavie est devenue une belle demoiselle? Oh! . . .

CASTOR. Ah!

25 *Même jeu, les paroles glissent de la bouche de l'un à l'oreille de l'autre.*

LE DIACRE CONSTANTIN. *(Il répète tout haut.)* La chambre est pleine d'oreilles et de dents? . . . Avec sur les murs des pouces d'orthographe? . . . Oh!

CASTOR, *toujours sur l'arbre.* Ah! *(Puis à haute voix.)* Monsieur Faton
30 bâille.[4]

---

[1]**chuchoter** to whisper   [2]**transpercer** to transfix (here: stunned)   [3]**rajeunir** to get younger
[4]**bâiller** to yawn

PHILIPPE L'EFFRAYANT. Avec sa bouche?

Castor fait signe que oui.

PHILIPPE L'EFFRAYANT. Heureusement!

CASTOR. Je vois encore . . . Argengeorge, qui mange son livre!

5 LE DIACRE CONSTANTIN. C'est impossible! Descendez, Castor, vous êtes inutilisable; on vous fait voir ce qu'on veut.

On entend deux coups de feu dans le bois. Tous les personnages sont surpris et inquiets.[5] Ils se rapprochent les uns des autres. Castor quitte à la hâte[6] son poste d'observation dans l'arbre.

10 PHILIPPE L'EFFRAYANT. *(Il s'est faufilé[7] au milieu du groupe.)* C'est terriblement singulier,[8] cette poudre![9] Qui chasse ainsi?

LE DIACRE CONSTANTIN. . . . et se rapproche?

PHILIPPE L'EFFRAYANT. De nous?

LE DIACRE CONSTANTIN. *(Il indique la maison.)* Non, d'ici!

15 PHILIPPE L'EFFRAYANT. Je tremble!

LE DIACRE CONSTANTIN. Il y a de quoi . . . il y a de qui . . .

PHILIPPE L'EFFRAYANT. La nuit a mauvaise figure . . . *(Au Diacre.)* Regardez par là . . . Regardez par ici . . . Le bois est plein de chiffons![10]

Tout à coup une fenêtre de la maison s'ouvre avec violence et la cas-
20 *sette de l'usurier Sola est projetée dehors. Les pièces d'or roulent sur le sol. On entend venir de l'intérieur de la maison, dont la fenêtre s'est refermée, comme un long hurrah.*

LE DIACRE CONSTANTIN. C'est encore pire que je ne le croyais . . . et ça va beaucoup plus loin. Ils ont préféré Argengeorge. Ils se délestent, ils se
25 raréfient . . . ils vont l'emporter avec eux! *(A ses compagnons.)* Ne touchez pas à cet or. Eloignez-vous!

La fenêtre de la maison s'ouvre de nouveau; on lance la béquille[11] d'Octavie, puis un instant après, le rouleau de papier de Marc Topoloff.

CASTOR. Les élégies de Monsieur Topoloff?

30 LE DIACRE CONSTANTIN, *à Castor en indiquant l'or.* Dans la boue![12] *(Puis montrant la béquille d'Octavie.)* Et voici l'ombrelle du diable: cette béquille fermée!

---

[5]**inquiet** worried   [6]**à la hâte** hastily   [7]**se faufiler** to worm one's way   [8]**singulier** peculiar
[9]**la poudre** powder   [10]**le chiffon** rag   [11]**la béquille** crutch   [12]**la boue** mud

A cet instant l'ombre de l'Usurier Sola se dessine sur les vitres de la fenêtre. Il joue de la flûte. On l'entend dehors. Tous les personnages à l'intérieur de la maison dansent une ronde. On voit leurs ombres tournoyer imprécises sur les vitres.

5   LE DIACRE CONSTANTIN. La danse de la Mort! . . . avec sa grande toupie[13] . . . Et ses petites brouettes[14]. . . Malédiction! Horreur!

PHILIPPE L'EFFRAYANT. Le bois transpire, Monsieur le Diacre! Le bois est plein de chiffons! . . .

LE DIACRE CONSTANTIN. Argengeorge! Il faut prévenir Argengeorge! . . . *(Il*
10   *court vers la porte de la maison et frappe furieusement.)* Argengeorge! . . . Sortez, Argengeorge! . . .

CASTOR, *frappant à la porte et criant.* Argengeorge! Fuyez! . . .

PHILIPPE L'EFFRAYANT, *frappant à la porte, et criant.* Sortez! . . . Fuyez! . . . Argengeorge!

15   ESFANTIAN, *frappant à la porte, en même temps que Philippe l'Effrayant et Castor.* Sauvez-vous![15]

Georges Schehadé, La Soirée des proverbes, © Editions Gallimard, 1954, droits réservés

POUR S'EXPRIMER

Remplissez les blancs avec un des mots suivants à la forme convenable.

bâiller   inquiet
se sauver   singulier
la boue

1. Quand on a sommeil on ouvre la bouche et on _____.

2. Il y avait du mystère; on a trouvé les événements _____.

3. Dans l'obscurité du jardin, alarmé par les actions des vieillards, il est devenu _____.

4. Face au danger ils ont décidé de _____.

5. Après la pluie le chemin de terre était couvert de _____.

AVEZ-VOUS COMPRIS?

1. Qui est décrit *autour d'une table comme dans le règne du ciel?*

2. Comment est-ce que Castor peut voir ceci?

---

[13]**la toupie** top (toy)   [14]**la brouette** wheelbarrow   [15]**se sauver** to run away, escape

3. Quelle est l'eau qui est jetée par la fenêtre?

4. Quel système bouffon a-t-on adopté pour se communiquer dans le jardin?

5. Quel son provenant des bois a effrayé ceux qui étaient dans le jardin?

6. Pourquoi aurait-on jeté une béquille?

FAITES LE POINT!

1. Quels éléments de jeu théâtral, quels artifices de théâtre retrouvez-vous ici?

2. Y a-t-il d'autres pièces de théâtre (surtout dans la tradition française) auxquelles celle-ci vous fait penser?

3. Y a-t-il une atmosphère surréaliste dans cette scène? Ses éléments émanent-ils du dialogue, du jeu des objets physiques? Expliquez.

Madagascar

Jean-Joseph Rabearivelo (1903–1937)

Jean-Joseph Rabearivelo est né à Tananarive, Madagascar. Senghor a reconnu son talent, mais il n'a pas connu de succès officiel. Il n'a jamais réalisé son désir de voir la France. Il était de l'ethnie Hova, et il a expérimenté avec la transposition en français des techniques de la poésie malgache traditionnelle. Il est donc parmi les premiers à répondre au défi de créer une littérature indigène en langue française. Il s'est suicidé.

AVANT DE LIRE . . .

1. Croyez-vous que le poème parle de trois *sortes* d'oiseaux?
2. Ces oiseaux sont symboliques. Que symbolisent, très souvent, les oiseaux dans la littérature et les chansons?
3. Si vous vous proposiez d'écrire au sujet de l'éternel, comment vous y prendriez-vous?

Les Trois Oiseaux

L'oiseau de fer, l'oiseau d'acier,
après avoir lacéré les nuages du matin
et voulu picorer[1] les étoiles
au-delà du jour,
5 descend comme à regret[2]
dans une grotte artificielle.

L'oiseau de chair, l'oiseau de plumes
qui creuse un tunnel dans le vent
pour parvenir jusqu'à la lune qu'il a vue en rêves
10 dans les branches,

---

[1]**picorer** to peck [2]**à regret** regretfully

tombe en même temps que le soir
dans un dédale[3] de feuilles.

Celui qui est immatériel,[4] lui,
charme le gardien du crâne
15 avec son chant balbutiant,[5]
puis ouvre des ailes résonnantes
et va pacifier l'espace
pour n'en revenir[6] que devenu éternel.[7]

In Damas, Poètes d'expression française, © Editions du Seuil, 1947, droits réservés

POUR S'EXPRIMER

Choisissez dans la colonne de droite un antonyme pour chaque mot à gauche:

volontiers	revenir
mortel	immatériel
articulant	à regret
concret	balbutiant
partir	éternel

AVEZ-VOUS COMPRIS?

1. Est-ce que le sens du mot *picorer* est bien adapté aux oiseaux?
2. Y a-t-il deux sens possibles du mot *picorer*?
3. Nommez les deux éléments qui tombent, et celui qui s'élève, dans ce poème.
4. Que veut dire *le gardien du crâne*?
5. Quelle est la contradiction entre *immatériel* et *résonnantes*?

FAITES LE POINT!

1. Il est possible que ce qui est artificiel symbolise ce qui est réel, dans le sens de mortel ou de la vie réelle. Est-ce un procédé des poètes symbolistes que vous connaissez? Expliquez.
2. Quels autres mots renforcent le jeu entre ce qui est réel et ce qui ne l'est pas (ou ce qui est idéal)?
3. Tâchez d'identifier *celui qui est immatériel*?

---

[3]**un dédale** maze   [4]**immatériel** insubstantial, ethereal   [5]**balbutiant** stammering
[6]**revenir** to come back   [7]**éternel** eternal

11

Réunion

André Cazamian (1876–1944)

André Cazamian est né à Saint-Denis (île de la Réunion) et mort à Paris. Il est Agrégé de l'Université et professeur au Lycée Buffon. Parmi ses recueils, Sous le voile *(1912) montre l'accent qu'il met sur les thèmes de l'amour et de la mort. Sa poésie est riche et subtile, et l'on y trouve l'harmonie de l'intellectualité et du sentiment.*

AVANT DE LIRE . . .

1. Trouvez la Réunion sur une carte de l'océan Indien. Imaginez-vous l'isolation d'un tel lieu.

2. Dans quel contexte utilise-t-on le mot *calciné*?

3. Pensez à différentes façons que les poètes et peintres ont utilisées pour évoquer le *voyage de la vie.* Quel élément de la nature vous semble approprié pour décrire la vie, de la naissance à la mort.

Chanson

Ma vie est comme le flot[1]
Mobile et changeant, dont l'eau
A la grande mer s'écoule[2]
    Toujours.

5 Fougueux[3] sur les monts, son cours,
Dans la plaine se déroule,[4]
Et, calciné,[5] vers l'océan
    Descend.

Mon âme est la voyageuse,
10 Qui dans l'aube radieuse,

---

[1]**le flot** wave, tide [2]**s'écouler** to flow, run [3]**fougueux** fiery, impetuous [4]**se dérouler** to unfold [5]**calciner** to burn to a cinder

Entendit l'oiseau léger
    Chanter

Et le soir, quand tout s'efface,
Écoutera, triste et lasse,
15 La flûte du vieux berger[6]
    Pleurer.

In Damas, *Poètes d'expression française*, © Seuil, 1947, droits réservés

POUR S'EXPRIMER

Remplissez les blancs avec un des mots suivants à la forme convenable.

le flot   se dérouler
s'écouler   le berger

1. _____ surveille le troupeau de moutons.

2. Le vaisseau navigue sur _____.

3. Même si vous ne faites rien, le temps _____ toujours!

4. La manifestation _____ sans incident.

AVEZ-VOUS COMPRIS?

1. Comment la vie est-elle *comme le flot*?
2. Dans quel sens exactement l'eau s'écoule-t-elle?
3. Comment *le cours* pourrait-il être *calciné*?
4. Quelles qualités sont suggérées par *la voyageuse*? Sont-elles positives?
5. Que symbolisent l'aube et le soir?

FAITES LE POINT!

1. Pourquoi l'oiseau serait-il léger? Y a-t-il un effet de contraste ici?
2. Notez l'agencement des rimes et le rythme de chaque strophe. Selon vous, quel est le vers le plus *classique* du poème?
3. Quelle tradition *la flûte du vieux berger* évoque-t-elle? Pensez à la flûte de Pan, à *La Flûte enchantée*. Etudiez comment l'image est reprise ici par le poète.

---

[6]**le berger** shepherd

12

Cambodge

Makhâli Phâl (1899–1965)

Makhâli Phâl est née à Phnom Penh d'un père français et d'une mère cambodgienne. Elle a passé la plus grande partie de sa vie en France, où elle est morte. Toute son œuvre tente d'évoquer son pays natal, souvent en élaborant des thèmes bouddhiques. Ses trois romans (dont La Favorite de dix ans, *1940) sont à la manière des chansons de geste cambodgiennes.*

AVANT DE LIRE ...

1. A quoi associez-vous le titre *A la terre*? Que représente la terre dans nombre de croyances antiques et d'extrême Orient?

2. Cherchez dans une encyclopédie *Rig Veda,* le *Baghavad Gita, Mahabaratta, Hamayana, Angkor Vat.*

3. Dans votre culture, y a-t-il des éléments qui relèvent à la fois de l'expression poétique et religieuse?

4. Que savez-vous des pratiques religieuses traditionnelles liées à la mort et au monde de l'au-delà dans le monde antique et d'extrême Orient? (Pensez par exemple, à l'Egypte ancienne.)

A la terre

> *O Terre, ne blesse pas mes ossements!*
> (Rig-Veda, contre Mrityou)

Je t'étonnerai, peut-être, quand je mourrai,
Avec tout mon appareil royal et sacerdotal,
5 Mais, je t'en supplie,[1] ô Terre, ne me blesse pas!

Je te surprendrai, peut-être, quand je mourrai,
Je t'étonnerai, peut-être, avec mes attributs de simplicité, de bonté,
    d'infinité, d'éternité, d'unité, de divinité,
Et néanmoins, je t'en supplie, ô Terre, ne me blesse pas!

---

[1]**supplier** to beg

10 Mes ascètes[2] te surprendront peut-être,
    T'ébahiront peut-être
    Te feront ouvrir démesurément peut-être
    les yeux et la mâchoire
    En te déclarant que je suis Dieu!
15 Et cependant, ô Terre, ne me blesse pas.

    Tu diras: quelle est cette jeune fille
    Qui n'a guère que cinq ou six ans de plus que la petite kala[3]
    Et qui entre chez moi avec si peu de modestie,
    Qui frappe à ma porte avec tant d'arrogance,
20 Qui tire de leur sommeil les rois de l'Univers,
    Qui réveille en sursaut les rois de l'Univers,
    Parce qu'elle veut la première place?—
    Je t'en supplie, ô Terre, ne me blesse pas!

    Qui les pousse, qui les bouscule,[4]
25 Qui se rit de leur labeur passé,
    De leur anxiété,
    Qui se moque de leurs mausolées,
    Qui pouffe de rire de leurs calculs,
    Qui hausse les épaules devant tous leurs calculs
30 Et devant le monceau d'or, d'argent, de sang
    Qu'ils ont amassé dans leurs demeures—
    Qui profite de ce qu'elle vient d'être brûlée,
    Qui profite de ce qu'elle est cendre encore chaude
    Pour balayer toutes ces vieilles cendres?
35 Et cependant, ô Terre, je t'en supplie, ne me blesse pas!

    Quand je descendrai chez toi avec le son
    De mes cithares[5]
    Et le mugissement de mes conques marines,
    Avec mes parasols, avec mes éléphants,
40 Quand je descendrai dans tes profondeurs,
    Avec mes cinq cents parasols blancs,
    Avec l'éléphant blanc,
    O Terre, je t'en supplie, ne me blesse pas!

    Quand je descendrai dans tes profondeurs,
45 Comme les rois d'Angkor et comme les princes d'Ayouthia,

---

[2]**l'ascète** (*m*) ascetic, monk   [3]**kala** sometimes means Yama, or Shiva   [4]**bousculer** to jostle   [5]**la cithare** cither (musical instrument)

Et comme les seigneurs des dieux de Luang-Prabang
Et comme le roi des éléphants,
Et comme Sisowath et comme Norodom
Et comme le Seigneur des Crocodiles
50 O Terre, je t'en supplie, ne me blesse pas.

Quand je descendrai dans tes profondeurs
Avec toute ma multitude,
Quand je descendrai chez toi
Avec mes ascètes et avec mes danseuses,
55 Avec mes attelages de gazelles,
Avec mes courtisanes qui me flatteront dans la mort comme dans la vie
Et avec mes fillettes—amazones qui portent avec beaucoup de gravité,[6]
    la lance et le bouclier,
Et qui déploient de grands étendards jaunes,—
60 Et avec mes princes qui se couronnent de tiares d'or à triple dard aigu,
Qui montent des éléphants caparaçonnés[7] d'or
Et qui regardent au loin—
Et avec mes Favorites ceintes
De baudriers[8] d'or sur leurs seins nus,—
65 Et avec mes trois mille suivantes
Nues
Qui n'ont qu'un sampot d'or
Et qui portent de grands cierges
O Terre, je t'en supplie, ne me blesse pas!

70 Quand je descendrai chez toi avec ma robe d'or, avec mon sabre d'or
    (qui est bien celui d'Indra)—qui est parfaitement celui du Roi des
    dieux
avec ma tiare d'or, avec mes babouches[9] d'or
—Mais on m'aura pris mon grand arc—
75 avec mon masque d'or
avec mon sceptre d'or
—Mais on m'aura pris sûrement mon petit jeu d'échecs
Et sûrement mes serviteurs m'auront aussi volé cette petite boîte
    d'argent ciselé en forme de cygne,
80 mes délices

Est-ce qu'on me descendra
Mahabaratta?

---

[6]**la gravité** dignity, seriousness   [7]**caparaçonner** to put decorative harness or saddle on horse (here: elephant)   [8]**le baudrier** shoulder belt   [9]**la babouche** slipper

Est-ce qu'on me psalmodiera
Baghavad-Gita?
85 Est-ce qu'on me bercera
avec Hamayana?
Est-ce qu'on me racontera l'histoire de cette vieille qui avait battu deux
    petites filles parce qu'elles avaient mélange[10] à son riz des œufs de
    crocodiles?
90 Est-ce qu'on voudra encore bien me raconter l'histoire de cette
    princesse
six petits serpents (et elle avait bien peur de ses petits serpents—et
    elle tremblait de peur chaque fois qu'elle était grosse).[11]

Est-ce que mes ascètes se dépêcheront de me fabriquer[12] ma lune,
95 de me fabriquer mon soir,
et mon aube[13]
et mon fleuve
et ma foudre
et ma pluie
100 De me fabriquer mon nuage; mon éclair, mon orage
Et des dieux plus solides que le fer et l'airain?

Et quand je descendrai dans tes profondeurs,
    —Si j'ai le temps de les attendre—
    Avec ma lune et avec mon soleil
105   Avec mon crépuscule et avec mon matin,
    —S'ils ne mettent pas trop de temps pour se farder—
O Terre, je t'en supplie, ne me blesse pas.
Et quand je descendrai chez toi
Avec mes idoles d'or, d'argent, de jade, d'ivoire, de gemmes, de grès, de
110 corail et de marbre,
O Terre, je t'en supplie, ne me blesse pas!

Je me réveillerai peut-être,
Peut-être que je ne dormirai pas tout le temps
Il est fort probable que je ne dormirai pas tout le temps
115 Et j'étendrai[14] mes mains sur les parois,[15]
Et je frapperai la paroi,
Et j'attendrai la réponse des ténèbres,
Alors, ô Terre, je t'en supplie, ô Terre ne me blesse pas!

---

[10]**mélanger** to mix   [11]**grosse** (here) pregnant   [12]**fabriquer** to fashion, manufacture
[13]**l'aube** (f) dawn   [14]**étendre** to stretch   [15]**la paroi** wall, partition

Je demanderai: où est mon miroir,
120 Où sont mes onguents, où mes aromates,
Et la crème et la poudre dont je me fardais le visage,
Et le rouge pour mes lèvres,
Et le rose pour mes ongles?
O Terre, je t'en supplie, ne me blesse pas!

125 Je demanderai: où est mon dieu,
où est mon petit dieu
Qui tournait aux quatre vents quatre visages?
—Et le cinquième demeurait immobile?

Je demanderai: où est le dieu, qui est le dieu
130 Qui baratte[16] l'océan avec un serpent à sept têtes?
Je demanderai: où est le dieu,
où est le dieu tout en rouge et en noir
Qui franchit les montagnes en s'arc-boutant à deux serpents qui sifflent.
O Terre, je t'en supplie ne me blesse pas!

135 LEVONS-NOUS vite pour soupirer la Gayatri[17]
Et pour épeler RIG-VEDA!
Vite, rallumons notre lampe!
J'entends les pas de ce vilain ascète qui m'a fait hier décliner en pali,[18]
trois cent soixante-six fois;
140 «Une jeune fille s'ennuyait»
Et qui m'a donné douze coups de rotin[19] sur les doigts
O Terre, je t'en supplie, ne me pleure pas!

In Damas, *Poètes d'expression française,* © Editions du Seuil, 1947, droits réservés

POUR S'EXPRIMER

Choisissez dans la colonne de droite un antonyme pour chaque mot à gauche:

l'aube	la frivolité
bousculer	séparer
la gravité	ordonner
mélanger	retirer
étendre	détruire
fabriquer	soutenir
supplier	le crépuscule

[16]**baratter** to churn   [17]**Gayatri** second wife of Brahma   [18]**pali** Pali (a language)
[19]**le rotin** rattan (cane)

AVEZ-VOUS COMPRIS?

1. Est-ce que les mots *Ne me blesse pas* sont basés sur un texte religieux?

2. La jeune fille justifie que la terre la blessera. Citez quelques-unes des raisons qu'elle donne.

3. Le sens *d'être brûlée* est-il clair?

4. Y a-t-il une ou plusieurs raisons pour énumérer tout son *appareil royal*?

5. Quelle est la situation qui a provoqué cette rêverie? Etudiez surtout la dernière strophe.

FAITES LE POINT!

1. Quel effet les répétitions produisent-elles? Quels sont les éléments qui confèrent un aspect rituel à ce poème?

2. Y a-t-il des contradictions dans les idées, et parfois dans le ton, qu'adopte cette jeune fille?

3. Quelle discipline subit-elle? Cela vous fait-il penser à d'autres histoires d'enfants royaux, et à leur vie d'ennui et de discipline?

13

Viêt-nam

Pham Van Ky (1916–   )

Pham Van Ky est né dans la région d'Annam, au Viêt-nam, et il est parmi ces auteurs qu'on appelle annamites d'expression française. Après ses études secondaires, à Hanoï, il a continué sa formation à la Sorbonne. Il a écrit des poèmes, des pièces de théâtre, des contes et des romans. Le roman Frères de sang *(1947) encourage un dialogue entre l'Orient et l'Occident. Ses poèmes, limpides et incantatoires, révèlent l'influence de Mallarmé.*

AVANT DE LIRE . . .

1. Avez-vous fait l'expérience de *nuits blanches*? A quoi pensiez-vous?
2. Pensez à des contraires (la vie/la mort; la naissance/la mort; la nuit/ le jour). Pensez à l'effet poétique obtenu lorsqu'un poète utilise cette figure dans un poème. Connaissez-vous des œuvres où cet élément est employé?
3. On dit que la musique est un langage universel. Pensez à la poésie comme un langage universel lorsqu'elle évoque certains thèmes. Quels sont certains de ces thèmes universels?
4. Si vous deviez écrire un poème ayant pour sujet une nuit blanche, quels seraient certains des mots que vous utiliseriez? Après avoir lu le poème qui suit, vous pourrez comparer le vocabulaire utilisé par Pham et les mots auxquels vous avez pensé.

Une Nuit de délire

Nuit où je ne dors pas,
Et voûte de silence,
Forme qui suit mes pas
Partout où je m'élance:[1]

---

[1]**s'élancer** to rush out

5 —Etes-vous le sommeil
Qui ferme les paupières?[2]
Etes-vous le réveil
Où s'assemblent les pierres?

Je suis entre les deux:
10 Entre le jour et l'ombre
Je suis, pareil aux cieux,
L'entité et le nombre.

Je participe un peu
De l'azur et du sable,[3]
15 Je suis l'astre et le feu,
L'ordre et le périssable![4]

Si un jour mon cœur bat,
—Vaine réminiscence!
Ce ne sera donc pas
20 Pour la Forme ou l'Essence!

Car la dualité
Est reine sur la terre!
Et, sans réalité,
Je chante solitaire!

25 Je n'ai pas de contours,
Mais je sens des limites.
Je mesure[5] les jours,
Et je moule[6] les Rites!

Nuit où je ne dors pas
30 Et voûte de silence,
Forme qui suit mes pas,
Partout où je m'élance:

Je suis entre les deux:
Entre le jour et l'Ombre
35 Je suis, pareil aux cieux,
L'Entité et le Nombre!

Ne prends pas, dans ta main,
Le vent qui est ma sève!

---

[2]**la paupière** eyelid   [3]**le sable** sand   [4]**périssable** perishable   [5]**mesurer** to measure
[6]**mouler** to mold, form

Surtout, sur mon chemin
40 Ne heurte[7] pas mon rêve!

Entre le lourd[8] sommeil
Qui ferme les paupières
Et le brusque réveil
Où s'assemblent les pierres,

45 Il participe un peu
De l'azur et du sable
Il est l'astre et le feu
L'ordre et le périssable:

Il est fuyant, léger,[9]
50 Et souple comme une onde!
Il perce comme un jet
Comme un fleuve, il inonde!

Ne cherche donc pas,
O voûte de silence,
55 Forme qui suit mes pas
Partout où je m'élance!

J'ai de l'airain[10] en bloc
Et j'ai l'âme innombrable
Je suis le temps du roc,
60 Et l'espace du sable!

In Damas, *Poètes d'expression française,* © Editions du Seuil, 1947, droits réservés

POUR S'EXPRIMER

Remplissez les blancs avec un des mots suivants à la forme convenable.

la paupière	heurter
le sable	lourd
mesurer	léger

1. Le camion était très chargé, et trop _____ pour passer sur le pont.

2. Avant d'acheter des pantalons, il a pris le soin de _____ les jambes.

3. La plume est plus _____ que la boule de plomb.

---

[7]**heurter** to bump into, knock   [8]**lourd** heavy   [9]**léger** light   [10]**l'airain** *(m)* brass

4. Une fois arrivé à la plage, il s'étend sur _____ .

5. Attention à la route! Vous pouvez _____ les passants!

6. Quand les yeux sont fermés ils sont cachés par _____ .

Avez-vous compris?

1. Citez les images qui montrent que celui qui parle est entre deux états. Quels sont les mots concrets qui sont employés pour créer un effet abstrait?

2. Peut-on définir cette "forme" qui suit le narrateur?

3. Un changement est-il signalé par le *il* qui remplace le *je* (strophe 12)?

4. Expliquez les effets (variés) de répétition. Constatez l'agencement des rimes. Est-ce un système avec lequel vous êtes familier?

5. Essayez de définir l'accent spirituel de ce poème. Y a-t-il des idées ici qui vous rappellent le poème de Makhâli Phâl (p. 67)?

Faites le point!

1. Analysez le contraste, le jeu du concret et de l'abstrait dans les images. Ces images sont-elles appropriées pour parler du temps et de l'espace?

2. Bien que les mots ne soient pas difficiles, ce poème l'est. Est-ce un effet des images abstraites, du manque d'accent mis sur la réalité concrète?

3. Quelle est l'importance du *nombre* ici? Quel rapport y a-t-il entre *l'âme innombrable* et la situation *entre les deux*?

14

Nouvelle-Calédonie

Georges Baudoux (1870–1949)

Georges Baudoux est né à Paris, mais a passé sa vie en Nouvelle-Calédonie. Il a été prospecteur, comme beaucoup dans ce pays riche en minerai. Très tôt, il s'est intéressé à l'histoire de la grande île et à la culture canaque (mélanésienne). Il a écouté les légendes des tribus, et les a rédigées et publiées. Ces recueils ont suscité l'intérêt des ethnologues.

L'extrait qui suit décrit la rivalité de deux guerriers canaques, Winda et Navaé.

Avant de lire . . .

1. En termes ethnographiques, quels sont les différents styles de représentation de la culture étudiée?
2. Quelles sont les stratégies qui vous viennent à l'esprit pour vaincre un rival? Songez à des espèces différentes de rivalité.
3. Lisez rapidement la première phrase du passage. Selon vous, que voudra dire *faire quelque chose de plus fort*?

Les Vieux savaient tout

La gloire de Winda hantait les pensées de Navaé, il voulait faire quelque chose de plus fort. Navaé habitait dans une case isolée, au milieu d'un bouquet de cocotiers du village de Koligo. Un matin, avant le lever du soleil, il envoya ses trois femmes au «pamobvi». C'est une case retirée, une
5   manière de gynécée,[1] où les popinées[2] vont périodiquement, quand elles sont obligées de s'isoler, ou bien lorsqu'elles veulent n'être qu'entre elles. C'est leur club. L'homme qui approcherait de ces cases se couvrirait de ridicule, il serait déshonoré.

Navaé prit ses armes: sa lourde hache[3] ronde de pierre bleue. Un pa-
10   quet de six sagaïes[4] noires, courtes, dressées et durcies[5] au feu. L'une de

---

[1]**la gynécée** women's area   [2]**la popinée** young woman   [3]**la hache** hatchet   [4]**la sagaïe** spear (in France the word is different: *sagaie*)   [5]**durcir** to harden

ces sagaïes dans la main de Navaé devenait une arme redoutable; son doigt muni d'une petite corde lui imprimait un mouvement de rotation, la sagaïe partait en sifflant, s'enfonçait[6] vibrante dans un tronc d'arbre, si profondément qu'il était impossible de l'en arracher; à quatre-vingts pas
5 elle ne manquait jamais son but. Il prit aussi une autre sagaïe, plus forte, ornée de bagues en poils[7] de roussettes;[8] la pointe était faite d'un dard aigu et rugueux provenant de la queue d'une raie.[9] Il suspendit à son épaule un petit filet à mailles serrées contenant des pierres de frondes[10] taillées, ovoïdes, effilées des deux bouts. Il avait sa fronde toujours à la
10 tête; il resserra la corde enroulée autour de ses reins. Sans avoir dit ses intentions à personne, il partit.

Il marchait, Navaé, de son pas ferme et vif, mettant la pointe des pieds en dedans afin de ne pas peigner les herbes rugueuses avec ses orteils.[11] Il allait vite, filant vers les montagnes; de ses yeux perçants d'émouchet[12] il
15 fouillait les broussailles. Avant de s'engager dans les épais[13] fourrés, il s'arrêtait pour écouter, pour regarder, il jetait des pierres dans les endroits suspects. Rien d'anormal. Il continuait à marcher, voyant tout, cherchant à terre des traces, s'expliquant le moindre bruit, devinant le pourquoi du vol des oiseaux . . .

Georges Baudoux, *Les Vieux savaient tout,* © Nouvelles Editions Latines, 1952, droits réservés

POUR S'EXPRIMER

Remplissez les blancs avec un des mots suivants à la forme convenable.

enfoncer   durcir
le poil   l'orteil
épais

1. Après avoir caressé le chat, il a trouvé des _____ de chat dans son assiette.

2. Au bout du pied se trouvent les _____.

3. Il faut _____ le bois pour en faire une arme pénétrante.

4. Avec un marteau, il a _____ le clou dans la planche.

5. Il y avait une _____ couche de neige sur la route, et on ne pouvait pas passer.

---

[6]**s'enfoncer** to sink in   [7]**le poil** hair   [8]**la roussette** bat, indigenous to New Caledonia   [9]**la raie** ray, stingray   [10]**la fronde** sling, slingshot   [11]**l'orteil** *(m)* toe   [12]**l'émouchet** *(m)* sparrow hawk   [13]**épais** thick

AVEZ-VOUS COMPRIS?

1. Que ressent Navaé à l'égard des exploits de Winda?
2. Quelle est la résolution de Navaé à cet égard?
3. Faites une liste des armes de Navaé.
4. Faut-il avoir de la force pour manier ces armes?
5. Que fait Navaé pour voir s'il y a quelque chose d'anormal?

FAITES LE POINT!

1. Est-il surprenant qu'un Français calédonien (un "caldoche") connaisse si bien les détails physiques de la vie mélanésienne?
2. Bien que le célèbre sociologue Lévy-Bruhl ait corroboré ce texte dans les années 1920, son style ne crée-t-il pas une controverse de nos jours? Peut-on pénétrer l'âme de l'indigène de la sorte?
3. Quelle indication trouvez-vous que les rôles des sexes sont nettement définis?

15

Guyane française

Léon Gontran Damas (1912–1978)

Léon Gontran Damas était un des fondateurs de la Négritude. Son recueil de poèmes Pigments *(1937) est toujours célèbre, et démontre un style dynamique et moderne. Comme Césaire, Damas a été Député (de la Guyane française) en France. Il a ensuite travaillé pour l'UNESCO, et il a enseigné aux Etats-Unis. Il est mort à Washington.*

AVANT DE LIRE . . .

1. Avez-vous eu l'expérience d'observer un étranger dans un lieu public et de vous imaginer son passé, sa vie? Expliquez.
2. Que savez-vous sur la Guyane? Recherchez quelques-unes des personnalités célèbres qui y ont séjourné.
3. Qu'est-ce que *Black Label*? A votre avis, de quoi le poème va-t-il parler?
4. Que vous évoque l'expression *franchir la ligne*? Connaissez-vous des *lignes* historiquement célèbres? (Suggestions: la ligne Maginot, la ligne de démarcation, the Mason-Dixon line)
5. On parle de la musique d'un poème. Comment peut-on créer un rythme moderne de jazz ou syncopé avec des mots?

Black Label

   —Tu étais au Bar
et moi
     parmi d'autres
à même la piste[1] enduite
5 et patinée de steps
   de stomps
   de slows

---

[1] **la piste** trail, dance floor

de swings
de sons
10 de songs
de blues
Et de la table où un Blanc à lunettes
s'ennuyait à lire un journal son journal
je te regardais boire un Canadian Club

15 Fasciné peut-être
soudain[2] ton regard
affronta le mien
mais de toi ou de moi qui déjà n'étions
qu'un seul désir insatisfait
20 je ne sais plus lequel
vint au-devant de l'autre
alors que l'orchestre scandait
Esclavo soy[3]
Je ne sais plus lequel
25 Et ce fut le vertige

Accrochée à tes pas
accrochée à tes yeux
accrochée à ton âme
je me laissai aller
30 au rythme de ton drame

Et j'en vins à souhaiter en moi-même
que le chemin à parcourir fût aussi long que le temps mis
à nous voir l'un et l'autre
face à face au carrefour

35 Brisant l'effroi[4] qui nous rendait muets
tu m'avais dit

Je me ris du hasard mais jamais du destin[5]
qui déroule à sa guise le film

Et tout est là ce soir qui rappelle
40 d'une vie antérieure
l'âpre parfum du jour
où malgré[6] l'interdit

---

[2]**soudain** suddenly   [3]**Esclavo soy** (Spanish) "I Am A Slave"   [4]**l'effroi** *(m)* fright
[5]**le destin** fate   [6]**malgré** despite

—IL A ÉTÉ PENDU CE MATIN À L'AUBE UN NÈGRE
COUPABLE D'AVOIR VOULU FRANCHIR
45 LA LIGNE—
l'amour s'était promis à soi-même
d'être à jamais fidèle[7] à son désir

Soudain ce soir surgis
vos mains vos lèvres
50 vos yeux sont
ceux de la stupeur
ceux du désarroi
ceux de la salive amère avalée
ceux de la larme versée en un coin de ma peine
55 ceux de ma détresse[8]
ceux de la torture
ceux de ma souffrance
ceux de ma patience
ceux de mon angoisse
60 ceux de mon attente

Car ce soir soudain surgis
vos mains vos lèvres
vos yeux sont ceux
de mon tout premier rêve
65 alors qu'enfant mon cœur
ignorait encor
la puissance du mépris
la puissance de la haine.

Mais tout est là ce soir qui rappelle
70 d'une vie antérieure
l'âpre parfum du jour
où malgré l'interdit
—IL A ÉTÉ PENDU CE MATIN À L'AUBE UN NÈGRE
COUPABLE D'AVOIR VOULU FRANCHIR
75 LA LIGNE—
l'amour s'était promis à soi-même
d'être à jamais fidèle à son désir
Et tout est là ce soir où nos vies
ont cessé d'être parallèles

---

[7]**fidèle** faithful   [8]**la détresse** distress

80 Accrochée à tes pas
   accrochée à tes yeux
   accrochée à ton âme
   je me laissai aller
   au rythme de ton drame

85 Alors
   à la tombée d'un jour[9] ensoleillé d'hiver
   je fus t'en souvient-il
   sur la grand'place
   qui mène au Puits-de-Science

90 t'en souvient-il

   Longtemps après
   tu me parlas de toi
   de ton enfance un match avec la Mort
   de ton refus de dire un mot
95 ou bien merci
   ou bien amen
   ou bien assez
   aux Anges en cornettes blanches
   qui défilaient à ton chevet[10]
100 promettant à ton âme une place gratuite au Ciel

   Tu me parlas de toi
   de ta convalescence marquée au coin du doute et de la peur
   de tes sens fermés au sens de la réalité ta réalité
   de ton infirmité à pleinement jouir intensément jouir
105 de tous ces riens qui font une âme euphémiquement créole

   —Je suis né disais-tu au bout
   tout au bout du monde
   Là-Bas
   entre
110 la Montagne Tigre
   et le Fort-Cépérou qui regarde la Mer dîner de soleil
   de palétuviers[11] et d'algues
   à l'heure où la nuit tombe
   sans crier gare au crépuscule

---

[9]**la tombée du jour** dusk   [10]**le chevet** bedside   [11]**le palétuvier** mangrove

115 Du vieux Dégrad-des-Cannes
témoin de ce qui fut le temps des négriers[12]

Des chutes de Rorota dont l'eau est belle à voir et bonne à boire
De Montabo la Plage huppée
De Bourda le fief du vieux-blanc-en-chef de l'heure
120 de Châton dont le sable gris-deuil voit s'en revenir
non sans mal du Large
violâtres
défigurés
gonflés
125 pareils à des gros-ventre
les cadavres de ceux qu'attire Châton à Pâques et à Pentecôte[13]
et que Dieu dans sa mansuétude
punit[14] si gentiment en les noyant à Pâques et à Pentecôte
pour n'avoir pas à la Sainte-Table
130 communié en Dieu à Pâques et à Pentecôte
mais pour avoir à Châton fait ripaille
à Pâques et à Pentecôte

De Buzaret dont l'ombre rafraîchit
et les rochers depuis toujours supportant
135 plus d'une amour ardente[15] et chaude

De l'Anse des Amandiers
que nargue[16] l'Enfant Perdu dans sa détresse de phare[17]

De Catayé où s'en vont crever de vanité les cerfs-volants[18] des
Amandiers
140 qui n'en peuvent mais de faire
le joli cœur au Ciel

Du Dégrad nouveau
De la Pointe qui mène à Kourou[19]
où l'Indien eut
145 un soupçon de revanche
De la Crique encombrée de pirogues
De la Place des Palmistes
à ton cœur pourtant si proches

---

[12]**le négrier** slave ship   [13]**Pâques; Pentecôte** Easter; Pentecost   [14]**punir** punish   [15]**ardent** burning, passionate   [16]**narguer** to flout   [17]**le phare** lighthouse, beacon   [18]**le cerf-volant** kite   [19]**Kourou** a town in French Guiana

ne parvenait[20] guère
150 le souffle même de l'Orénoque
ton Orénoque

Rivé à la médiocrité du sort
petit-bourgeois crépu[21]
ton âme était d'emprunt
155 ton corps emmailloté
ton cœur un long soupir

Et nul ne voyait la plante s'étioler
pas même Œil-à-Tout-l'Invisible
qu'en longue robe blanche
160 accoudé au flanc acajou de ton lit
la tête un instant perdue
dans tes mains pieusement jointes
tu priais à genoux
à l'heure où les enfants se couchent et dorment
165 sans broncher ni mot dire

Et tes nuits qu'agitaient des leçons ânonnées en dodine[22]
s'emplissaient de désirs comprimés

jeux interrompus la veille à la vue de la clef
par distraction laissée au buffet et au choix
170 de bonnes choses en réserve
gelée de goyave
liqueur de monbin
mangues Julies jolies jaunies à point
fruits fruits confits
175 gâteaux secs et lait
lait condensé chipé[23] toujours meilleur au goût

Désirs comprimés

Le beau tour à jouer à Gouloufia
criminellement coupable
180 d'avoir à lui seul
dévoré à pleines dents
le gâteau que Nanette
la bonne vieille marchande

---

[20]**parvenir** to arrive   [21]**crépu** crimped   [22]**ânonné en dodine** recited in a stumbling way
[23]**chiper** to swipe, steal

vous avait en partage
185 si gentiment offert

Désirs comprimés

Les vacances toujours proches à Rémire
où les cousins parlaient si librement patois[24]
crachaient si aisément par terre
190 sifflaient si joliment un air
lâchaient si franchement un rôt[25]
et autres choses encore
sans crainte d'être
jamais mis au pain sec
195 ni jetés au cachot[26]

Désirs comprimés

Les cris de joie feinte
d'autres diraient de rage
que tu poussais à perdre haleine
200 à la toute dernière fessée[27] reçue pour t'être
sous le regard acerbe de ta mère offusquée
et à la gêne polie de tous
farfouillé[28] le nez
d'un doigt preste et chanceux
205 au goûter-de-Madame-La-Directrice-de-L'École-des-Filles

Désirs comprimés

Le mot sale entendu quelque part et qu'un jour
mine de rien
tu servirais à table
210 au risque de te voir
ou privé de dessert
ou privé de sortie
ou privé des dix-sous du dimanche
à mettre en tirelire[29]

215 Désirs comprimés
dont s'emplissaient tes nuits qu'agitaient
des leçons ânonnées en dodine

---

[24]**le patois** local dialect [25]**le rot** belch [26]**le cachot** prison [27]**la fessée** spanking
[28]**farfouiller** to rummage around in [29]**la tirelire** piggybank

Et n'enlevaient ce fort goût d'amertume
que laisse à la bouche au réveil une nuit d'insomnie
220 ni la tiédeur du soleil matutinal qui ranimait déjà toutes choses
ni la volubilité des vieilles édentées[30] en madras calendé
martelant la chaussée d'aise au sortir du premier office
où le dieu de la veille
fut à nouveau loué
225 glorifié prié
et chanté à voix basse

ni l'odeur[31] rose des dahlias du jardin qu'argentait la rosée
ni les cris savoureux de la rue qu'assoiffaient
la bié nan-nan[32]
230 côrôssôl
papaye
coco

Et la maison était triste et basse
où la vie se déroulait mollement
235 en bordure de la rue étroite et silencieuse
que le bruit de la ville
traversait à peine

Léon Gontran Damas, *Poètes d'expression française,* © Editions du Seuil, 1947, droits réservés

---

[30]**les vieilles édentées** toothless old women   [31]**l'odeur** *(f)* smell   [32]**nan-nan; côrôssôl; papaye; coco** local fruits

POUR S'EXPRIMER

Choisissez dans la colonne de droite un synonyme pour chaque mot à gauche:

le crépuscule	arriver
la piste	l'arôme
malgré	loyal
parvenir	le chemin
le destin	chaud
l'odeur	la tombée du jour
punir	subit
la détresse	l'angoisse
l'effroi	le sort
ardent	châtier
soudain	la peur
fidèle	en dépit de

AVEZ-VOUS COMPRIS?

1. Quelle sorte de musique est indiquée par les vers 6–11?
2. Pendant quelle chanson les protagonistes ont-ils fait connaissance l'un de l'autre?
3. Quelles sont les indications d'une détresse raciale?
4. Est-ce que l'une de ces deux personnes a failli mourir très jeune?
5. Nommez les nourritures qui sont mentionnées. Indiquez les vers où il s'agit de ne pas avoir ce que l'on veut.

FAITES LE POINT!

1. Est-ce que la phrase *franchir la ligne* est claire? Y a-t-il plusieurs façons de *franchir*?
2. Comment la religion est-elle présentée ici?
3. Ce discours est-il prononcé en fin de compte, ou la rencontre a-t-elle lieu dans l'imagination de l'auteur?
4. Après avoir lu les mots *au rythme de ton drame,* faites une pause. Essayez d'achever le poème en créant une personnalité et un passé pour l'autre *au Bar.*

16

Martinique

Aimé Césaire (1912–)

Aimé Césaire est né à la Martinique. Il a collaboré avec et est l'ami de L. S. Senghor. Le mot négritude *a paru pour la première fois dans son très célèbre poème* Cahier d'un retour au pays natal.

Il exprime la situation antillaise dans son essai Discours contre le colonialisme, *et il revient toujours aux thèmes de l'espoir et de la colère dans ses poèmes. Ces derniers sont riches en symboles et en néologismes.*

Césaire a eu une carrière distinguée d'homme politique: il a été Député et Maire de Fort-de-France pendant presque 50 ans.

Césaire est parfois surréaliste. Il a connu André Breton et d'autres surréalistes français pendant les années 1930. C'était, à la suite du dadaïsme, la grande époque du surréalisme.

AVANT DE LIRE . . .

1. Cherchez le mot *bucolique* dans le dictionnaire. Quels motifs vous attendez-vous à voir dans un *poème bucolique*?

2. Un poème est généralement en vers. Qu'est-ce qui peut faire un poème en prose? Quels éléments pensez-vous trouver? Parmi les grands artistes du poème en prose on compte Henri Michaux, Léon-Paul Fargue, Max Jacob. Essayez de lire certains de leurs poèmes.

3. Cherchez une définition de *surréalisme*. Pensez à des peintres surréalistes (Miro, Dali, Delvaux, Magritte) aussi bien qu'à des écrivains. Quelle était leur démarche d'esprit? Que voulaient-ils traduire?

Bucolique

Alors tout doucement la terre se pousse une crinière,[1] vire en manœuvrant sa tête bien huilée de poulpe,[2] roule dans sa cervelle[3] une idée très visible à l'endroit des circonvolutions, puis se précipite à toute allure, em-

---

[1] **la crinière** mane   [2] **le poulpe** octopus   [3] **la cervelle** brain

portant[4] en un vol ténébreux de roches et de météores, la rivière,[5] les chevaux, les cavaliers et les maisons.

Et cependant que l'argent des coffres noircit, que l'eau des piscines se gonfle,[6] que les pierres tombales sont descellées,[7] que la bucolique ins-
5   talle au creux une mer de boue qui indolemment fume le meilleur ma-couba[8] du siècle, de gigantesques lumières fusent au loin et regardent, sous leurs casques de noir champignon,[9] une colline, bon berger roux, qui d'un bambou phosphorescent pousse à la mer un haut troupeau de temples frissonnants et de villes.

Aimé Césaire, *Ferrements,* © Editions du Seuil, 1960, droits réservés

POUR S'EXPRIMER

Choisissez le mot qui convient le mieux pour remplir le blanc:

1. Montrez-moi _____ exact où ils se sont rencontrés.
   a. le champignon
   b. l'endroit
   c. la journée

2. Une abeille l'avait piqué: il avait le doigt _____.
   a. gonflé
   b. rentré
   c. étendu

3. Le troupeau, qui avait peur de l'eau, a hésité à traverser _____.
   a. la frontière
   b. la rivière
   c. la friperie

4. Le vent violent a _____ le toit de la maison.
   a. mouillé
   b. fumé
   c. emporté

5. Une pierre tombale est tombée sur la tête du poète; il avait

   _____ blessée.
   a. la cervelle
   b. la cuisse
   c. l'orgueil

---

[4]**emporter** to carry off   [5]**la rivière** stream   [6]**se gonfler** to swell up   [7]**desceller** to unseal
[8]**macouba** tobacco that grows in one area of Martinique   [9]**le champignon** mushroom

Avez-vous compris?

1. Est-ce que *virer* est généralement associé à un mouvement de la terre?

2. Est-ce que *l'idée très visible* se voit sur la figure?

3. Quelle est l'image la plus violente du poème?

4. Les images surréalistes ne sont pas toujours sans base rationnelle. Que pourraient être les *gigantesques lumières*?

5. Selon vous, les villes sont-elles vraiment poussées dans la mer, ou est-ce seulement une illusion?

Faites le point!

1. Est-ce que la première phrase offre une image surréaliste, selon la célèbre définition de Pierre Reverdy qui y voit *la collusion de réalités disparates*?

2. Quel est le rapport entre *berger, troupeau,* et le titre?

3. Quels efforts faites-vous pour comprendre ce poème? Est-ce un effort *de la raison*? Sinon, comment est-ce que la signification se communique?

AVANT DE LIRE . . .

1. Pensez à des situations dans le monde actuel où on peut parler de *frères dans la souffrance et l'esclavage.*

2. Cherchez la définition de *colonialisme* dans le dictionnaire: considérez-en plusieurs aspects: l'esclavage, la résistance (et "les marrons"), la politique, la psychologie.

3. Le titre *Une Tempête* rappelle une œuvre célèbre de William Shakespeare. Que savez-vous sur elle? Faites une petite recherche.

4. Quels sont les éléments que vous associez à la philosophie de Martin Luther King et de Gandhi? Y a-t-il des similitudes entre les deux?

Une Tempête

Grotte de Caliban. Caliban est en train de travailler en chantant, quand Ariel survient. Il l'écoute un moment.

CALIBAN *(chantant).*
Qui mange son maïs¹ sans songer à Shango²
5 *Mal lui en prend! Sous son ongle se glisse Shango*
et toute la part il prend!
Shango Shango ho!

Ne lui offrez pas de siège!³ A votre guise!
C'est sur votre nez qu'il prendra son assise!

10 *Pas une place sous votre toit! C'est votre affaire!*
Le toit, il le prend de force et s'en couvre la tête!
Qui veut en conter à Shango
fait mal son compte!
Shango Shango ho!

15 ARIEL. Salut, Caliban! Je sais que tu ne m'estimes guère,⁴ mais après tout nous sommes frères, frères dans la souffrance et l'esclavage, frères aussi dans l'espérance. Tous deux nous voulons la liberté, seules nos méthodes diffèrent.

CALIBAN. Salut à toi. Ce n'est quand même pas pour me faire cette profes-
20 sion de foi⁵ que tu es venu me voir! Allons, Alastor! C'est le vieux qui t'envoie, pas vrai? Beau métier: exécuteurs des hautes pensées du Maître!

---

¹**le maïs** corn ²**Shango** Caliban's deity ³**le siège** seat ⁴**ne ... guère** hardly ⁵**la foi** faith

ARIEL. Non, je viens de moi-même. Je suis venu t'avertir. Prospero médite sur toi d'épouvantables[6] vengeances. J'ai cru de mon devoir de te mettre en garde.

CALIBAN. Je l'attends de pied ferme.

5   ARIEL. Pauvre Caliban, tu vas à ta perte. Tu sais bien que tu n'es pas le plus fort, que tu ne seras jamais le plus fort. A quoi te sert de lutter?

CALIBAN. Et toi? A quoi t'ont servi ton obéissance, ta patience d'oncle Tom, et toute cette lèche?[7] Tu le vois bien, l'homme devient chaque jour plus exigeant et plus despotique.

10   ARIEL. N'empêche que j'ai obtenu un premier résultat, il m'a promis ma liberté. A terme, sans doute, mais c'est la première fois qu'il me l'a promise.

CALIBAN. Du flan![8] Il te promettra mille fois et te trahira mille fois. D'ailleurs, demain ne m'intéresse pas. Ce que je veux, c'est, *(il crie)* «Free-

15   dom now!»

ARIEL. Soit. Mais tu sais bien que tu ne peux l'arracher maintenant et qu'il est le plus fort. Je suis bien placé pour savoir ce qu'il a dans son arsenal.

CALIBAN. Le plus fort? Qu'en sais-tu? La faiblesse a toujours mille moyens

20   que seule la couardise[9] nous empêche d'inventorier.

ARIEL. Je ne crois pas à la violence.

CALIBAN. A quoi crois-tu donc? A la lâcheté? A la démission? A la génu-flexion? C'est ça! On te frappe sur la joue droite, tu tends la joue gauche. On te botte la fesse gauche, tu tends la fesse droite; comme ça,

25   pas de jaloux. Eh bien, très peu pour Caliban!

ARIEL. Tu sais bien que ce n'est pas ce que je pense. Ni violence, ni soumission. Comprends-moi bien. C'est Prospero qu'il faut changer. Troubler sa sérénité jusqu'à ce qu'il reconnaisse enfin l'existence de sa propre injustice et qu'il y mette un terme.

30   CALIBAN. Oh là là! Laisse-moi rigoler.[10] La conscience de Prospero! Prospero est un vieux ruffian qui n'a pas de conscience.

ARIEL. Justement, il faut travailler à lui en donner une. Je ne me bats pas seulement pour ma liberté, pour notre liberté, mais aussi pour Prospero, pour qu'une conscience naisse à Prospero. Aide-moi, Caliban.

---

[6]**épouvantable** terrible   [7]**la lèche** boot-licking   [8]**Du flan!** Ridiculous!   [9]**la couardise** cowardice   [10]**rigoler** to laugh

CALIBAN. Dis donc, mon petit Ariel, des fois, je me demande si tu n'es pas cinglé! Que la conscience naisse à Prospero? Autant se mettre devant une pierre et attendre qu'il lui pousse[11] des fleurs!

ARIEL. Tu me désespères. J'ai souvent fait le rêve exaltant qu'un jour, Pros-
5 pero, toi et moi, nous entreprendrions, frères associés, de bâtir un monde merveilleux, chacun apportant en contribution ses qualités propres: patience, vitalité, amour, volonté aussi, et rigueur, sans compter les quelques bouffées de rêve sans quoi l'humanité périrait d'asphyxie.

10 CALIBAN. Tu n'as rien compris à Prospero. C'est pas un type à collaborer. C'est un mec qui ne se sent que s'il écrase quelqu'un. Un écraseur, un broyeur, voilà le genre! Et tu parles de fraternité!

ARIEL. Alors, que reste-t-il? La guerre? Et tu sais qu'à ce jeu-là Prospero est imbattable.

15 CALIBAN. Mieux vaut la mort que l'humiliation et l'injustice . . . D'ailleurs, de toute manière, le dernier mot m'appartiendra . . . A moins qu'il n'appartienne au néant. Le jour où j'aurai le sentiment que tout est perdu, laisse-moi voler quelques barils[12] de ta poudre infernale, et cette île, mon bien, mon œuvre, du haut de l'empyrée[13] où tu aimes planer, tu la
20 verras sauter dans les airs, avec, je l'espère, Prospero et moi dans les débris. J'espère que tu goûteras le feu d'artifice:[14] ce sera signé Caliban.

ARIEL. Chacun de nous entend son tambour.[15] Tu marches au son du tien. Je marche au son du mien. Je te souhaite du courage, mon frère.

25 CALIBAN. Adieu, Ariel, je te souhaite bonne chance, mon frère.

Aimé Césaire, *Une Tempête*, © Editions du Seuil, 1969, droits réservés

POUR S'EXPRIMER

Choisissez dans la colonne de droite un synonyme pour chaque mot à gauche:

le siège	la croyance
rigoler	terrible
pousser	la chaise
épouvantable	rire
la foi	à peine
ne ... (verbe) guère	croître

---

[11]**pousser** (here) to grow   [12]**le baril** barrel   [13]**l'empyrée** the empyrean, highest heaven
[14]**le feu d'artifice** fireworks   [15]**le tambour** drum

Avez-vous compris?

1. Qui est Shango?
2. Que veut dire Ariel par les mots *nous sommes frères*?
3. Qui sont *le vieux* et *le maître*?
4. Comment Ariel est-il un *oncle Tom*?
5. Pourquoi, selon Caliban, le projet d'Ariel ne réussira-t-il pas?
6. Quel est *le feu d'artifice* qu'envisage Caliban?

Faites le point!

1. Y a-t-il deux points de vue ici? Résumez-les du point de vue philosophique.
2. Trouvez-vous dans les mots d'Ariel une tendance qui rappelle Martin Luther King et Gandhi? Expliquez.
3. Quel jeu de mots est fait par Caliban, basé sur le conseil bien connu de Jésus-Christ?

17

Guadeloupe

Simone Schwarz-Bart (1938–)

Simone Schwarz-Bart est née à la Guadeloupe. Son mari André Schwarz-Bart est aussi romancier, et ils ont même écrit en collaboration: Un Plat de porc aux bananes vertes *(1967). Le roman* Pluie et vent sur Télumée Miracle *(1972) met l'accent, outre une évocation de la beauté paisible du pays, sur l'histoire de la Guadeloupe et la force de ses femmes.*

Il faut apprécier la nature et sa description réaliste dans ces pages. Aimé Césaire et ses confrères dans le mouvement de la Négritude ont promulgué la conscience de la flore et de la faune des Antilles. Ils commençaient alors à atténuer la référence automatique traditionnelle à la nature telle qu'elle se voyait en France.

AVANT DE LIRE . . .

1. Essayez de créer l'arbre généalogique de votre famille. Combien de générations de votre famille pouvez-vous nommer?
2. Avez-vous entendu des histoires sur vos ancêtres? Comment sont-ils arrivés aux Etats-Unis ou ailleurs? Comment vos grands-parents ou arrière-grands-parents se sont-ils rencontrés? Quel ton adopte-t-on dans votre famille lorsqu'on parle des ancêtres?

Pluie et vent sur Télumée Miracle

Le pays dépend[1] bien souvent du cœur de l'homme: il est minuscule si le cœur est petit, et immense si le cœur est grand. Je n'ai jamais souffert de l'exiguïté de mon pays, sans pour autant prétendre[2] que j'aie un grand cœur. Si on m'en donnait le pouvoir, c'est ici même, en Guadeloupe, que
5 je choisirais de renaître, souffrir et mourir. Pourtant, il n'y a guère, mes ancêtres furent esclaves en cette île à volcans, à cyclones et moustiques,[3] à mauvaise mentalité. Mais je ne suis pas venue sur terre pour soupeser[4] toute la tristesse du monde. A cela, je préfère rêver, encore et encore, de-

---

[1]**dépendre de** to depend on   [2]**prétendre** to claim   [3]**le moustique** mosquito
[4]**soupeser** to weigh

bout au milieu de mon jardin, comme le font toutes les vieilles de mon âge, jusqu'à ce que la mort me prenne dans mon rêve, avec toute ma joie . . .

Dans mon enfance, ma mère Victoire me parlait souvent de mon
5 aïeule,[5] la négresse Toussine. Elle en parlait avec ferveur et vénération, car, disait-elle, tout éclairée par son évocation, Toussine était une femme qui vous aidait à ne pas baisser la tête devant la vie, et rares sont les personnes à posséder ce don. Ma mère la vénérait tant que j'en étais venue à considérer Toussine, ma grand-mère, comme un être mythique, habitant
10 ailleurs que sur terre, si bien que toute vivante elle était entrée, pour moi, dans la légende.

J'avais pris l'habitude d'appeler ma grand-mère du nom que les hommes lui avaient donné, Reine Sans Nom; mais de son vrai nom de jeune fille, elle s'appelait autrefois Toussine Lougandor.
15 Elle avait eu pour mère la dénommée Minerve, femme chanceuse que l'abolition de l'esclavage avait libérée d'un maître réputé pour ses caprices[6] cruels. Après l'abolition, Minerve avait erré, cherchant un refuge loin de cette plantation, de ses fantaisies, et elle s'arrêta à L'Abandonnée. Des marrons avaient essaimé là par la suite et un village s'était constitué.
20 Nombreux étaient les errants qui cherchaient un refuge, et beaucoup se refusaient à s'installer nulle part, craignant toujours et toujours que ne reviennent les temps anciens. Ainsi arriva, depuis la Dominique, un nègre qui s'éclipsa à l'annonce même de sa paternité, et ceux de L'Abandonnée que Minerve avait dédaignés rirent sur son ventre ballonné. Mais lorsque
25 le câpre[7] Xango releva la honte de Minerve, ma bisaïeule, les rires s'arrêtèrent net et le fiel[8] empoisonna ceux-là même que le malheur d'autrui[9] avait distraits. L'enfant Toussine vit le monde et Xango l'aima comme si elle était née de ses œuvres. A mesure que la fillette perçait le soleil, avec la grâce d'une flèche de canne, elle devenait les deux yeux de cet
30 homme, le sang de ses veines, l'air de ses poumons. Ainsi, par l'amour et le respect que lui prodiguait Xango, défunte Minerve put désormais se promener sans honte par la rue du hameau, la tête haute, les reins[10] cambrés, les mains aux hanches et la pourriture des haleines se détourna d'elle pour s'en aller souffler sur de meilleures pâtures. C'est ainsi que la
35 vie commença pour la jeune Toussine, aussi délicatement qu'un lever de soleil par temps clair.

Ils habitaient un hameau où se relayaient les vents de terre et de mer. Une route abrupte longeait précipices et solitudes, il semblait qu'elle ne débouchât sur rien d'humain et c'est pourquoi on appelait ce village
40 L'Abandonnée. Certains jours, une angoisse s'emparait de tout le monde, et les gens se sentaient là comme des voyageurs perdus en terre incon-

---

[5]**l'aïeule** *(f)* grandmother [6]**le caprice** whim [7]**le câpre** caper (use here is obscure)
[8]**le fiel** bile [9]**autrui** others [10]**les reins** *(m pl)* kidneys, lower back

nue. Toute jeune encore, vaillante, les reins toujours ceints d'une toile de journalière, Minerve avait une peau d'acajou rouge et patinée, des yeux noirs débordants de mansuétude.[11] Elle possédait une foi inébranlable en la vie. Devant l'adversité, elle aimait dire que rien ni personne n'userait
5 l'âme que Dieu avait choisie pour elle, et disposée en son corps. Tout au long de l'année, elle fécondait vanille, récoltait café, sarclait[12] bananeraies et rangs d'ignames.[13] Sa fille Toussine n'était pas non plus portée aux longues rêveries. Enfant, à peine debout, Toussine aimait à se rendre utile, balayait, aidait à la cueillette des fruits, épluchait les racines.[14] L'après-
10 midi, elle se rendait en forêt, arrachait aux broussailles le feuillage des lapins, et, parfois, prise d'un caprice subit, elle s'agenouillait à l'ombre des mahoganys, pour chercher de ces graines plates et vives dont on fait des colliers. Quand elle revenait des bois, un énorme tas d'herbages sur la tête, Xango exultait à la voir ainsi, le visage caché par les herbes. Aussitôt,
15 il dressait[15] ses deux bras en l'air et se mettait à hurler . . . haïssez-moi, pourvu que[16] vous aimiez Toussine . . . pincez-moi jusqu'au sang, mais ne touchez même pas le bas de sa robe . . . et il riait, pleurait devant cette fillette rayonnante, au visage ouvert, aux traits qu'on disait ressemblant à ceux du nègre de la Dominique, qu'il aurait bien aimé rencontrer une
20 fois, pour voir. Mais elle n'avait pas encore tout son éclat, et c'est à l'âge de quinze ans qu'elle se détacha nettement[17] de toutes les jeunes filles, avec la grâce insolite du balisier[18] rouge qui surgit en haute montagne. Si bien qu'à elle seule, elle était, disaient les anciens, toute la jeunesse à L'Abandonnée.

25 Dans le même temps, il y avait à L'Abandonnée un jeune pêcheur du nom de Jérémie qui vous remplissait l'âme de la même clarté.[19] Cependant, il regardait les jeunes filles d'un œil indifférent, et les amis de Jérémie prévenaient celles-ci en riant . . . lorsque Jérémie tombera amoureux, ce sera d'une sirène. Ces propos ne suffisaient pas à l'enlaidir, et le
30 cœur des jeunes filles se plissait de dépit. Il avait dix-neuf ans, était déjà le meilleur pêcheur de l'anse Caret. Où donc prenait-il ces chargements de vivaneaux,[20] de tazars, de balarous bleus? . . . nulle part ailleurs que sous sa barque, *Vent-d'avant,* avec laquelle il partait danser à l'infini, du matin au soir et du soir au matin, car il ne vivait que pour entendre le bruit des
35 vagues à ses oreilles et pour sentir les caresses de l'alizé[21] sur son visage. Tel était Jérémie en ce temps où Toussine apparaissait à tous comme le balisier rouge surgi en haute montagne.

Les jours sans vent, par calme plat sur l'eau, Jérémie s'en allait en forêt pour y couper des lianes[22] qui serviraient à faire des nasses.[23] Un

---

[11]**la mansuétude** gentleness [12]**sarcler** to weed [13]**l'igname** (f) yam [14]**la racine** root
[15]**dresser** to raise [16]**pourvu que** provided that [17]**nettement** clearly, distinctly [18]**le balisier** Caribbean flower [19]**la clarté** clarity, light [20]**le vivaneau; le tazar; le balarou** types of fish [21]**l'alizé** (m) trade wind [22]**la liane** vine, creeper [23]**la nasse** fish trap

après-midi, il quitta le bord de mer pour aller couper de ces lianes, et c'est ainsi que Toussine se dressa sur sa route, au beau milieu d'un bois. Elle portait une vieille robe de sa mère, qui lui tombait jusqu'aux chevilles, et son gros paquet d'herbes se défaisant sur elle, couvrant ses yeux, lui
5 masquant le visage, elle avançait un peu à la manière d'une égarée. Le jeune homme l'interpella en ces termes . . . c'est la nouvelle mode maintenant, à L'Abandonnée, cette mode-là des ânes bâtés? . . . Jetant bas le paquet, elle regarda le jeune homme et dit, surprise, au bord des larmes . . . je suis une jeune fille qui s'en va chercher de l'herbe en forêt, et voilà que
10 je ramasse des insultes. Ayant dit, la jeune fille éclata de rire et détala dans l'ombre. Ce fut juste à cet instant que Jérémie bascula dans la plus belle des nasses qu'il ait jamais vue. Lorsqu'il revint de cette promenade, ses amis remarquèrent son air absent, mais ils ne le questionnèrent pas. En effet, cet air perdu se voit souvent aux vrais pêcheurs, à ceux qui ont
15 adopté la mer comme patrie, de sorte que les amis pensèrent simplement que la terre ferme ne valait rien à Jérémie et qu'en vérité, son élément naturel était l'eau. Mais ils déchantèrent, les jours suivants, quand ils virent Jérémie délaisser *Vent-d'avant,* l'abandonnant à lui-même, échoué sur la grève,[24] à sec. Ils se consultèrent, en vinrent à l'idée que Jérémie était sous
20 l'emprise de la créature maléfique[25] entre toutes, la Guiablesse,[26] cette femme au pied fourchu qui se nourrit exclusivement de votre goût de vivre, vous amenant un jour ou l'autre, par ses charmes, au suicide. Ils lui demandèrent s'il avait fait une rencontre, ce jour maudit où il était monté dans la forêt. Comme les amis le pressaient, Jérémie avoua . . . la seule
25 Guiablesse que j'ai rencontrée, ce jour-là, dit-il, s'appelle la Toussine, la Toussine à Xango. Alors ils lui dirent en riant sous cape . . . nous comprenons mieux maintenant, et la chose est bien plus simple qu'il ne paraît, car, si tu veux notre avis, à notre connaissance, il n'y a nulle fille de prince à L'Abandonnée. Heureusement, nous ne sommes tous qu'un lot
30 de nègres dans une même attrape, sans maman et sans papa devant l'Éternel. Ici, tout le monde est à la hauteur de tout le monde, et aucune de nos femmes ne peut se vanter de posséder trois yeux ou deux tourmalines dormant au creux de ses cuisses. Il est vrai, tu nous diras que celle-ci n'est pas du modèle courant, elle n'est pas de ces femmes qui traînent partout,
35 comme des lézards, protégées par la fadeur même de leur chair, et nous te répondons: Jérémie, tu parles bien, selon ton habitude. En effet, nous avons comme toi des yeux et lorsque Toussine frôle[27] nos pupilles, notre vue en sort rafraîchie. Voici, ami, toutes ces paroles pour te dire une seule chose: Si belle qu'elle soit, la fille te ressemble, et quand tu sortiras à ses
40 côtés dans la rue, ce ne sera pas pour la dépareiller.[28] Autre chose, quand

---

[24]**échoué sur la grève** grounded on the beach   [25]**maléfique** baleful, evil
[26]**la Guiablesse** evil figure, mythical   [27]**frôler** to brush against   [28]**dépareiller** to break up a set

tu iras chez ses parents pour leur faire part de tes intentions, souviens-toi qu'il n'y a pas de cannibales ici, et que Xango et Minerve ne te dévoreront pas . . .

Et ils laissèrent aller Jérémie à lui-même, afin qu'il prenne sa décision
5 en homme.

Une bénédiction pour les amis, se disait Jérémie, le jour où il rendit visite aux parents de Toussine, vêtu comme à l'ordinaire, une belle pêche de pagues roses[29] à la main. Encore sur le seuil, il leur fit part de son amour pour Toussine, et les parents l'introduisirent aussitôt dans la case,
10 sans même s'être consultés avec la demoiselle. A leurs façons, ils donnaient l'impression de bien connaître Jérémie, de savoir ce qu'il faisait dans la vie, sur la mer et sur la terre, homme en état de prendre compagne et mettre au monde et nourrir. Ce fut alors le commencement d'un de ces doux après-midi de Guadeloupe, et qui s'illumina avec l'arrivée de Tous-
15 sine, juste sur la fin, avec du vermouth pour les hommes et de la crème de sapote[30] pour le sexe faible, le tout servi sur un plateau à napperon brodé. Au moment du départ, Minerve déclara que la porte de cette case lui était désormais ouverte nuit et jour, et Jérémie sut qu'il pouvait considérer ce vermouth et cette invitation comme un triomphe définitif; car, pour une
20 si belle laitue[31] que Toussine, on ne se précipite pas d'ordinaire au cou de l'homme, surtout à sa première démarche, tout comme si on espérait se défaire d'un bétail taré.[32] Le soir, pour marquer ce triomphe, Jérémie et ses amis décidèrent une pêche de nuit. Ils ramenèrent tant de poisson que leur sortie demeura mémorable à L'Abandonnée. Mais ils avaient
25 pêché ces coulirous[33] avec trop de plaisir pour arriver sur la plage et les vendre, et la distribution de poisson au village resta, elle aussi, dans toutes les mémoires. Ce midi-là, un verre de rhum à la main, les hommes gonflaient leur poitrine d'aise, la frappaient par trois fois et s'extasiaient . . . on pouvait le croire, mais en vérité, la race des hommes n'est pas morte
30 . . . cependant que les femmes hochaient la tête à leurs affirmations et chuchotaient . . . ce que l'un fait, mille le défont . . . mais en attendant, lâcha[34] l'une d'elles comme à contrecœur, ça fait toujours flotter l'espoir . . . et les langues repues[35] se donnaient de l'air, tandis que le bruit des vagues avait repris dans la tête de Jérémie.

Simone Schwarz-Bart, *Pluie et vent sur Télumée Miracle,* © Editions du Seuil, 1972, droits réservés

---

[29]**pagues roses** fish   [30]**la sapote** fruit of sapodilla   [31]**la laitue** lettuce (colloquialism)
[32]**le bétail taré** damaged livestock   [33]**le coulirou** type of fish   [34]**lâcher** to let go (here: to speak forth)   [35]**repu** satiated

POUR S'EXPRIMER

Remplissez les blancs avec un des mots suivants à la forme convenable.

se dresser	pourvu que
la clarté	nettement
lâcher	prétendre
dépendre de	le rein
la racine	le caprice

Il avançait lentement à _____ de l'aube. Il commençait à voir

_____ les toits du village ce village qui _____

être le centre de la pêche sur toute la côte. Avec le jour, les maisons

se dessinaient de plus en plus _____. La faim lui tiraillait

l'estomac. Il n'avait rien mangé que des _____ pendant deux

jours. Pourquoi alors avait-il eu _____ de voyager avec

seulement du tabac? Son chargement était lourd. Il avait _____

brisés. Est-ce qu'il y aurait un marché: il ne le savait même pas; cela

_____ du jour de la semaine. "_____ il y ait le

marché," se disait-il, "je pourrai avoir un beau poisson." Mais il restait à voir

si le marchand _____ un poisson pour quelques feuilles de

tabac . . .

AVEZ-VOUS COMPRIS?

1. Quelle est l'exiguïté de la Guadeloupe?
2. Qui est le héros ou l'héroïne de cette famille? Pourquoi?
3. Qui a nourri la petite Toussine de son amour et de son respect?
4. Qui est le meilleur pêcheur de l'anse?
5. Quel soupçon de magie entendez-vous dans ce passage?
6. Pourquoi Jérémie a-t-il délaissé son bateau, *Vent-d'avant*?
7. Quelle sorte d'accueil est donné à Jérémie par Minerve et Xango?

FAITES LE POINT!

1. Que sont les *marrons* du quatrième paragraphe? Croyez-vous qu'ils
   aient joué un rôle important dans l'histoire de la Guadeloupe et de la
   Martinique?

2. Comparez cette description que fait Schwarz-Bart d'une jeune fille de quinze ans à celle d'Anne Hébert dans le roman *Les Fous de Bassan* (p. 127). Notez le rôle de la nature dans les deux passages.

3. Le premier paragraphe de ce passage est animé d'optimisme et d'énergie. Analysez tout le texte et dégagez-en les éléments de joie et d'insouciance, les moments d'humour.

Guy Tirolien (1917–)

Guy Tirolien est un des poètes guadeloupéens les plus respectés. Il est né à Pointe-à-Pitre. Comme Senghor et Césaire, il a fait des études au Lycée Louis-le-Grand, à Paris. Il a fait la connaissance de Senghor alors qu'il était prisonnier au stalag, pendant la Deuxième Guerre mondiale. Ensuite il a été Administrateur des Colonies, en Afrique. L'âpreté de ses poèmes rappelle Césaire.

Avant de lire . . .

1. Le titre du poème est *Prière*. Connaissez-vous d'autres poèmes ou chansons qui sont des prières? Quel sentiment cela confère-t-il au poème?

2. On évoque souvent les différences de style entre le colonialisme britannique et le colonialisme français. Le colonialisme britannique est plus libéral. Recherchez un peu le sujet pour déterminer comment les Français encourageaient les colonisés à devenir aussi *français* que possible.

3. L'école est un élément important dans la formation d'un enfant. Considérez ce que l'on y apprend et l'importance de la présentation du matériel. Pensez aux pays totalitaires et à l'utilisation de la propagande. Un film adapté d'un roman de Joseph Zobel, *La rue Cases-Nègres*, présente les écoles à la Martinique colonisée. Essayez de le voir.

4. Que savez-vous de la récolte et de la production du sucre?

Prière d'un petit enfant nègre

Seigneur je suis très fatigué.
Je suis né fatigué
Et j'ai beaucoup marché depuis le chant du coq
5 Et le morne est bien haut qui mène[1] à leur école,
Seigneur, je ne veux plus aller à leur école,
Faites, je vous en prie, que je n'y aille plus.
Je veux suivre mon père dans les ravines fraîches
Quand la nuit flotte[2] encore dans le mystère des bois
10 Où glissent les esprits que l'aube vient chasser
Je veux aller pieds-nus par les rouges sentiers
Que cuisent les flammes de midi
Je veux dormir ma sieste au pied des lourds manguiers[3]
Je veux me réveiller

---

[1]**mener** to lead   [2]**flotter** to float   [3]**le manguier** mango tree

15 Lorsque là-bas mugit[4] la sirène des blancs
Et que l'Usine
Sur l'océan des cannes[5]
Comme un bateau ancrée
Vomit dans la campagne son équipage nègre . . .
20 Seigneur, je ne veux plus aller à leur école
Faites, je vous en prie, que je n'y aille plus
Ils racontent qu'il faut qu'un petit nègre y aille
Pour qu'il devienne pareil[6]
Aux messieurs de la ville
25 Aux messieurs comme il faut.
Mais moi je ne veux pas
Devenir, comme ils disent,
Un monsieur de la ville
Un monsieur comme il faut.
30 Je préfère flâner[7] le long des sucreries
Où sont les secs repus
Que gonfle un sucre brun autant que ma peau brune
Je préfère vers l'heure où la lune amoureuse
Parle bas à l'oreille des cocotiers[8] penchés
35 Ecouter ce que dit dans la nuit
La voix cassée d'un vieux qui raconte en fumant
Les histoires de Zamba[9] et de compère Lapin
Et bien d'autres choses encore
Qui ne sont pas dans les livres.
40 Les nègres, vous le savez, n'ont que trop travaillé
Pourquoi faut-il de plus apprendre dans des livres
Qui nous parlent de choses qui ne sont point d'ici
Et puis elle est vraiment trop triste leur école
Triste comme
45 Ces Messieurs de la ville
Ces Messieurs comme il faut
Qui ne savent plus danser le soir au clair de lune
Qui ne savent plus marcher sur la chair[10] de leurs pieds
Qui ne savent plus conter les contes[11] aux veillées
Seigneur, je ne veux plus aller à leur école.

Dans: Léon Gontran Damas, *Poètes d'expression française,* © Editions du Seuil, 1947, droits réservés

---

[4]**mugir** to bellow   [5]**la canne** sugar cane   [6]**pareil** similar   [7]**flâner** to stroll   [8]**le cocotier** coconut tree   [9]**Zamba; compère Lapin** figures in folk tales   [10]**la chair** flesh   [11]**le conte** story

POUR S'EXPRIMER

Remplissez les blancs avec un des mots suivants à la forme convenable.

mener   le conte
flotter   pareil
flâner   la chair

1. Il est doux, le soir, d'écouter _____ des vieux.

2. Il avait _____ fatiguée, usée par une vie dans les usines.

3. Il ne voulait pas arriver à l'école; alors il ralentissait le pas, il

   _____.

4. Les gens de la campagne ne sont pas _____ aux gens de la ville.

5. Le sentier _____ au fleuve, et conduisait le petit à la ville.

6. Une fois dans la classe, ses pensées _____ et il oubliait la réalité autour de lui.

AVEZ-VOUS COMPRIS?

1. Donnez deux raisons pour lesquelles le petit ne voudrait pas aller à l'école.

2. Citez deux choses qu'il aimerait mieux faire.

3. Que fait cet équipage, par rapport à l'usine?

4. Quel aspect du colonialisme est suggéré par les vers *Pour qu'il devienne pareil/Aux messieurs de la ville*?

5. Selon vous, quelles *choses qui ne sont pas d'ici* trouve-t-il dans les livres?

6. Que veut dire *marcher sur la chair de leurs pieds*?

FAITES LE POINT!

1. Nous entendons une voix qui parle couramment le français. Mais n'y a-t-il pas une difficulté *linguistique* à l'égard de cette école détestée? Est-ce que cette difficulté représente parfois des conflits culturels?

2. Le poète a choisi de parler par la voix d'un enfant. Selon vous, quelles sont les raisons de ce choix? Lisez le poème à voix haute pour apprécier la lassitude de l'enfant et ce qu'elle traduit.

18

Haïti

René Depestre (1926–)

René Depestre est né à Jacmel (Haïti). Il a longtemps vécu à Cuba, puis en France, où il s'est exilé pour raisons politiques. Il est un des plus grands poètes haïtiens. Il a critiqué la Négritude de Senghor; il montre parfois l'influence de Césaire. Poète de l'amour, il a aussi beaucoup écrit pour dénoncer l'oppression. Parmi ses œuvres: Poète à Cuba *(1976).*

AVANT DE LIRE . . .

1. Réfléchissez à ce que vous savez de Harlem.
2. Qu'est-ce que vous savez des faits de la vie de Malcolm X? Est-il surprenant qu'un Haïtien le connaisse?
3. Quand, dans une œuvre littéraire, utilise-t-on l'expression *Il était une fois*? Le poète commence son poème par ces mots. D'après vous, quelle impression veut-il créer?

Ode à Malcolm X
Grande Brigitte[1]

Il était une fois un nègre de Harlem
Il haïssait l'alcool et les cigarettes
Il haïssait le mensonge et le vol et les Blancs
Sa sagesse[2] venait de la chaux vive
5 Sa vérité brillait comme un rasoir
Né pour la douceur et la bonté[3] il
Prêchait[4] que l'enfer c'était l'homme blanc
Et un soir le voici tout seul avec sa haine[5]
Avec ses prophéties et sa grande tristesse

---

[1]**Grande Brigitte** figure in voodoo   [2]**la sagesse** wisdom   [3]**la bonté** goodness, kindness
[4]**prêcher** to preach   [5]**la haine** hatred

10 Il pense que peut-être tous les Blancs
Ne sont pas des loups et des serpents
Et il pleure Malcolm X l'agneau[6] de Harlem
Il remonte[7] en pleurant les rues de son enfance
Et il remonte encor plus loin dans le passé
15 Ses larmes traversent le temps et les pays
Elles coulent avec les fleuves les plus vieux
Elles coulent sur les murs de Jérusalem
Et se mêlent[8] aux légendes les plus vieilles
Elles font le tour de la Bible et du Coran
20 Qui deviennent des îles au fond de sa douleur
Se lève le soleil sur Harlem et Malcolm
Suit encore l'aventure de ses larmes
Ensuite il s'habille, prend un verre de lait
Et sort dans la rue conter l'histoire du monde:
25 *"J'accuse l'homme blanc d'être un semeur[9] de haine!"*
Et six balles aussitôt se jettent sur sa vie . . .
Il était Malcolm X un nègre-rayon qui
Haïssait les larmes les chaînes et la haine!

René Depestre, *Arc-en-ciel pour l'occident chrétien,* © Présence Africaine, 1967, droits réservés

POUR S'EXPRIMER

Choisissez dans la colonne de droite un antonyme pour chaque mot à gauche:

la bonté	l'ignorance
remonter	l'amour
la haine	se distinguer
la sagesse	redescendre
se mêler	la bassesse

AVEZ-VOUS COMPRIS?

1. Est-ce que Malcolm haïssait seulement les crimes?

2. Quel est le sens double de *brillait comme un rasoir*?

3. Pourquoi est-il *triste*?

4. Le mot *agneau* évoque-t-il un élément religieux?

5. Qu'est-ce que Malcolm haïssait le plus?

---

[6]**l'agneau** *(m)* lamb   [7]**remonter** to go up again   [8]**se mêler à** to mix with
[9]**le semeur** sower

FAITES LE POINT!

1. Etudiez les répétitions et les changements abrupts de sentiment.
   Connaissez-vous d'autres poèmes, contes ou romans qui offrent une
   révélation, un changement radical d'avis? Evoquez-les.

2. Quel est le moment, dans le poème, du changement d'avis de Malcolm?
   En quoi consiste-t-il?

3. Comparez ce poème à «Prière d'un petit enfant nègre» de Guy Tirolien
   (p. 100).

Jacques Roumain (1907–1944)

Jacques Roumain est né et mort à Port-au-Prince, Haïti. Il a été collaborateur d'une revue, La Revue indigène, *et fondateur du parti communiste haïtien (1934). Il a fait de l'ethnographie, écrit de la poésie (*Bois d'ébène, *posthume, 1945), et des romans. Les descriptions de l'espoir, les moments de joie dans la vie des pauvres, ont fait un succès international de son roman* Gouverneurs de la rosée. *C'est l'histoire d'un exil, d'un retour au village natal. Dans le roman on découvre enfin une source.*

AVANT DE LIRE . . .

1. Après avoir lu le premier paragraphe, imaginez-vous ce que Bienaimé va se rappeler, quand il pense à *autrefois* . . .

2. Pensez au comportement des gens lorsqu'un orage ou une averse approche. Décrivez. Evoquez le commencement d'une averse de façon visuelle. Rédigez une courte description.

3. Cherchez dans un dictionnaire des synonymes pour évoquer la pluie qui tombe. Vous pourriez commencer par le mot *pleuvoir.*

Les Gouverneurs de la rosée

Bienaimé fait quelques pas et il est au bord de la grand-route. Il s'appuie[1] contre les lattes entrecroisées de la barrière. De l'autre côté, c'est le même découragement: la poussière s'élève, tournoie en tourbillons épais et s'abat sur les chandeliers, l'herbe mauvaise et espacée, rongée[2] à ras du
5 sol, comme une pelade.

Autrefois[3] en cette saison dès le matin, le ciel se mettait à la grisaille, les nuages s'assemblaient, gonflés de pluie, pas une grosse pluie, non, tout juste, quand les nuages crevaient comme des sacs trop pleins, une petite farinade, mais persistante, avec quelques éclaircies de soleil. Elle ne suffi-
10 sait pas à gorger la terre, mais elle la rafraîchissait, la préparait pour les grandes ondées, elle lustrait les jeunes pousses du maïs et du petit-mil: le vent et la lumière aidant. Les branches du campêcher[4] décochaient à tout instant une volée d'ortolans,[5] et à l'Angélus[6] les pintades[7] sauvages ve-naient boire frileusement le long des flaques à la lisière du chemin, et si
15 on les effarouchait, s'envolaient lourdement tout engourdies et engluées de pluie.

Puis le temps commençait à changer: vers midi, une chaleur grasse enveloppait les champs et les arbres accablés; une fine vapeur dansait et

---

[1]**s'appuyer** to lean [2]**ronger** to nibble [3]**autrefois** formerly [4]**le campêcher** campeachy (tree) [5]**l'ortolan** bunting (bird) [6]**l'Angélus** bell, calling to evening prayer [7]**la pintade** guinea fowl

vibrait comme un essaim[8] dans le silence que seul troublait le stridulement acide des criquets.

Le ciel se décomposait en boursouflures[9] livides qui fonçaient vers le plus tard et se mouvaient pesamment au-dessus des mornes, parcourues d'éclairs et de grondements sourdement répercutés. Le soleil ne paraissait dans les rares décousures des nuages que comme un rayonnement lointain, d'une pâleur plombée et qui blessait le regard.

Au fond de l'horizon montait tout à coup une rumeur[10] confuse et grossissante, un souffle énorme et rageur. Les habitants attardés aux champs pressaient le pas, la houe[11] sur l'épaule; les arbres ployaient soudain; un rideau de pluie accourait, violemment agité dans l'aboiement ininterrompu de l'orage. La pluie était déjà là: d'abord quelques gouttes chaudes et précipitées, puis, percé d'éclairs, le ciel noir s'ouvrait pour l'averse,[12] l'avalanche, l'avalasse torrentielle.

Bienaimé, sur l'étroite[13] galerie fermée par une balustrade ajourée et protégée par l'avancée du toit de chaume,[14] contemplait sa terre, sa bonne terre, ses plantes ruisselantes, ses arbres balancés dans le chant de la pluie et du vent. La récolte[15] serait bonne. Il avait peiné au soleil à longueur de journées. Cette pluie, c'était sa récompense. Il la regardait, avec amitié, tomber en filets serrés, il l'écoutait clapoter sur sa dalle de pierre devant la tonnelle. Tant et tant de maïs, tant de pois-Congo,[16] le cochon engraissé: cela ferait une nouvelle vareuse,[17] une chemise et peut-être le poulain bai[18] de voisin Jean-Jacques s'il voulait rabattre sur le prix.

Il avait oublié Délira.

—Chauffez le café, ma femme, dit-il.

Oui, il lui achèterait aussi une robe et un madras.[19]

Il bourra sa courte pipe d'argile. Voilà ce que c'était de vivre en bon ménage avec la terre.

Mais tout ça c'était le passé. Il n'en restait qu'un goût[20] amer. On était déjà mort dans cette poussière, cette cendre[21] tiède qui recouvrait ce qui autrefois avait été la vie, oh! pas une vie facile, pour ça non, mais on avait bon courage et après s'être gourmé avec la terre, après qu'on l'avait ouverte, tournée et retournée, mouillée[22] de sueur, ensemencée comme une femelle, venait la satisfaction: les plantes et les fruits et tous les épis.

Il avait pensé à Jean-Jacques, et le voici qui vient par le sentier, aussi vieux maintenant et aussi inutile que lui, conduisant une maigre bourrique[23] et laissant traîner la corde dans la poussière.

—Frère, salue-t-il.

---

[8]**l'essaim** *(m)* swarm   [9]**la boursouflure** swelling   [10]**la rumeur** sound, hum   [11]**la houe** hoe   [12]**l'averse** *(f)* rain shower   [13]**étroit** narrow   [14]**le chaume** thatch   [15]**la récolte** harvest   [16]**le pois-Congo** local vegetable   [17]**la vareuse** blouse   [18]**le poulain bai** bay (colored) colt   [19]**le madras** madras, cloth typical of region, often worn on head   [20]**le goût** taste   [21]**la cendre** ash   [22]**mouillé** wet   [23]**la bourrique** female donkey

Et l'autre répond de même.

Jean-Jacques demande des nouvelles de sa commère[24] Délira.

Bienaimé dit: «Comment va ma commère Lucia?»

Et ils se donnent le merci.

5 La bourrique a une grande plaie[25] sur le dos et qui frémit sous les piqûres des mouches.

—Adieu, oui, dit Jean-Jacques.

—Adieu, mon nègre, fait Bienaimé.

Et il regarde son voisin s'en aller avec son âne vers l'abreuvoir,[26] cette
10 mare stagnante, cet œil de boue couvert d'une taie[27] verdâtre où tous boivent, hommes et bêtes.

Jacques Roumain, Gouverneurs de la rosée, © Messidor, 1944, droits réservés

POUR S'EXPRIMER

Remplissez les blancs avec un des mots suivants à la forme convenable.

appuyer	le goût
ronger	mouiller
autrefois	l'averse
étroit	la rumeur

1. On a entendu _____ de l'orage qui arrivait.

2. _____, nous avions une belle ferme; aujourd'hui, nous n'avons plus que quelques hectares.

3. Le fils a quitté la ferme; il n'avait plus _____ du travail.

4. Il a vu le vieux, fatigué, _____ contre un poteau dans le champ.

5. Après _____ l'enfant était content; il y avait de la boue partout, et ses vêtements étaient _____ .

6. L'armoire ne pouvait pas passer: la porte était trop _____ .

7. Le maïs et les autres provisions avaient été _____ par des rats.

AVEZ-VOUS COMPRIS?

1. Pourquoi Bienaimé est-il découragé?

2. Les paragraphes 2–6, sont écrits à *l'imparfait.* Pourquoi?

---

[24]**la commère** affectionate local term: wife of friend   [25]**la plaie** wound   [26]**l'abreuvoir** *(m)* watering hole   [27]**la taie** dense white growth on cornea

3. Décrivez les changements de temps dans le passé.

4. Qu'est-ce que Bienaimé songeait à acheter, si la récolte était bonne?

5. Est-ce que Bienaimé est seul avec ses pensées amères?

Faites le point!

1. Ce passage offre une très belle description du temps, de l'orage. Est-elle monotone, y a-t-il des contrastes dans les images? Des chocs? Expliquez.

2. Notez les images de bonheur et de bonté. Contrastez-les avec la misère qui semble résulter de la poussière et de la sécheresse. Quelles peuvent être les raisons historiques pour décrire une vie non colorée par le colonialisme dans ce pays?

3. Après les mots *vivre en bon ménage avec la terre,* le récit continue au présent. Ecrivez une fin pour ce passage.

19

Louisiane

Louise Augustin Fortier (1850–1924)

Louise Fortier est née à la Nouvelle-Orléans où elle a passé toute sa vie.
Ses ancêtres étaient français, réfugiés de Saint Domingue. Pendant 35 ans, elle
a enseigné le français à McDonough High School à la Nouvelle-Orléans; elle
y a mené une vie littéraire, se préoccupant aussi de la conservation de la langue
française. Elle était membre de l'Athénée Louisianais, et a reçu la Médaille d'Or
en 1914.

AVANT DE LIRE . . .

1. Regardez le titre de l'extrait. Reconnaissez-vous deux courants, l'un
   positif, l'autre négatif? Cette association éveille-t-elle d'autres images
   dans votre esprit?
2. Quel est l'épisode très célèbre auquel le titre fait allusion?
3. Connaissez-vous la technique de l'histoire à l'intérieur de l'histoire
   souvent utilisée au dix-neuvième siècle où une histoire est encadrée par
   un récit plus large? Recherchez des œuvres qui emploient ce procédé.

La Folie aux roses

Encore le bon vieux temps! . . . Qu'il est loin et près, vieux et pourtant
toujours jeune! Que de charmants et riants souvenirs, de pittoresques et
fraîches scènes le dorent et l'ensoleillent d'un éternel printemps.

La vieille habitation qui avait survécu[1] à la haine des Peaux Rouges,
5 aux révoltes des Noirs, qui avait vu arborer successivement le drapeau
français, espagnol, américain, confédéré, était encore au moment où commence notre récit, une vaste et commode demeure.

La large galerie qui l'entourait,[2] ombragée par les chênes gigantesques du parc et si typique du temps colonial, nous réunissait le soir,
10 aux mois de juillet et d'août, quand nous, enfants de la ville, nous venions
passer nos vacances chez notre grande tante Elizabeth.

---

[1]**survivre** to survive   [2]**entourer** to surround

111

C'était une octogénaire qui portait avec grâce ses quatre-vingts ans.
Grande et majestueuse, elle avait des traits fins et réguliers, des yeux bleus
et vifs, des cheveux blancs si fins et bouclés qu'ils formaient une auréole³
neigeuse autour de son bonnet noir. Une grande distinction, une certaine
5 sévérité dans le regard⁴ nous en imposaient toujours. Lorsque tante Elizabeth s'installait sur la grande galerie et restait pensive et recueillie⁵ regardant couler⁶ à ses pieds le fleuve majestueux, ou bien quand elle rêvait,
les regards perdus dans les ombres grandissantes des vieux chênes, nos
jeux bruyants cessaient peu à peu, nous parlions tout bas, et graduelle-
10 ment berceuses et boutaques⁷ sortaient comme par magie de leur coin,
un cercle se formait autour d'elle, ardent, impatient, un chœur de voix
jeunes et fraîches demandaient en suppliant: «Une histoire, chère tante
Elizabeth!»

Ce soir-là, comme d'habitude, elle était venue s'asseoir au milieu de
15 notre groupe bruyant, et plus silencieuse que de coutume, elle n'avait
même pas l'air de s'apercevoir de⁸ notre présence.

Aussitôt les rires cessèrent, le calme remplaça le tapage⁹ de nos jeux
et de nos voix, un groupe animé mais respectueux l'entoura, et la favorite,
une idéale blonde de quatre ans s'avança câlinement¹⁰ et appuyant ses
20 boucles dorées sur l'épaule de ma tante réclama de sa voix flûtée l'histoire habituelle. Nos voix se joignirent à la sienne: «Chère tante, une histoire de la guerre confédérée!» Ma tante tressaillit¹¹ comme si le mot eût
été une étincelle électrique. Elle se redressa dans son grand fauteuil, ses
yeux étincelèrent, elle dit tout bas, presqu'en suffoquant: «Les Yankees!»
25 Ce mot la rajeunissait d'un demi-siècle. D'un geste elle nous fit signe de
nous rapprocher. Toute la petite bande comme une envolée d'oiseaux,
s'empressa autour d'elle; nous pressentions quelque chose de charmant,
peut-être même d'émouvant,¹² d'épique!

«C'était en '63,» commença-t-elle, «la Nouvelle-Orléans était tombée
30 au pouvoir des Fédéraux. De temps en temps des bandes de cavalerie
fédérale conduites par un officier faisaient irruption dans nos campagnes,
brûlant, pillant, désolant le pays. C'était,» ajouta ma tante avec amertume,
«le droit de conquête.»

Le son vibrant, fiévreux de sa voix nous étonna; nous ne lui connais-
35 sions pas cette voix. Rarement le mot Yankee n'avait frappé nos oreilles
d'enfants. Nous connaissions la guerre civile comme on apprend l'histoire dans les livres, et les hauts faits de nos pères, les Confédérés, leur
héroïsme, leur gloire nous avaient été racontés comme on raconte une
chose qui vous tient au cœur mais qui est passée. Nos parents se gar-

---

³**l'auréole** *(f)* halo   ⁴**le regard** look, gaze   ⁵**recueillie** collected   ⁶**couler** to flow
⁷**berceuses et boutaques** cradles and preparations for bed   ⁸**s'apercevoir de** to notice
⁹**le tapage** noise, row   ¹⁰**câlinement** coaxingly   ¹¹**tressaillir** to quiver, start   ¹²**émouvant**
moving

daient bien de conserver[13] vivante chez nous cette haine qui leur avait brûlé le cœur et qui serait devenue aussi dangereuse qu'inutile. Par patriotisme, même notre génération devait être unioniste et ne connaître qu'un seul drapeau, le grand drapeau de l'Union américaine.

5   Au bout d'un instant, tante Elizabeth vainquit son émotion et reprit.

    «Devant la maison s'étendait alors un magnifique jardin; là où cette immense levée nous coupe l'horizon, fleurissaient des roses. Toutes les beautés de la flore semi-tropicale étalaient le luxe de ses brillantes couleurs, nous embaumaient[14] de l'arôme de ses mille parfums. Mais les roses,
10 c'était une vraie folie. Elles s'épanouissaient[15] partout, les blanches, les roses, les rouges de toutes les variétés, de toutes les couleurs; elles grimpaient[16] sur les balcons, s'étalaient en charmilles,[17] en buissons, se groupaient en masse tendre de verdure et de fleurs. On appelait notre habitation *La Folie aux Roses,* et c'était une vraie folie.

15   «C'était ma fleur favorite et tous les matins j'en faisais la cueillette. J'en remplissais tous les vases de la maison, et je couvrais de leurs pétales odorants les rayons des armoires, les tiroirs; elles se glissaient[18] jusque dans mon bain. C'était mon innocente passion. Mes fils étaient partis pour la guerre. Un seul m'était resté, mon pauvre infirme, qui depuis cinq ans
20 couché sur un lit de douleur pouvait à peine le quitter. Il n'y avait plus ni gérant,[19] ni travailleurs, les terres restaient en friche[20] et j'habitais seule avec mon fils infirme un coin de notre immense demeure.

    «Ce soir-là ma femme de chambre qui couchait habituellement près de moi sur un lit de repos m'avait demandé d'aller dans le camp coucher
25 chez elle. Après avoir fait ma longue toilette de nuit, allumé ma veilleuse, je suivis Martine jusqu'à la porte et tirai soigneusement les verrous;[21] elle sortit. Je m'endormis bientôt d'un profond sommeil. Je ne sais à quelle heure de la nuit ce sommeil fut violemment interrompu. Des coups redoublés à la porte de la chambre à côté de la mienne, des hennisse-
30 ments,[22] des pas retentissants de chevaux, des cliquetis de sabre, me réveillèrent en sursaut. Je crus que c'était un cauchemar,[23] étant à peine éveillée. Mais les coups redoublèrent à la porte. Bientôt je l'entendis céder, et la terrible réalité me revint à la mémoire; c'était la guerre! . . . c'était les Yankees! . . . Une terreur folle s'empara de moi. Je sautai au bas
35 du lit. Je pensai à mon pauvre infirme. Je courus à sa chambre, il n'y était plus. . . . Où était-il? Qu'était-il devenu? Ces monstres à face humaine, qu'en avaient-ils fait? Je me précipitai à la fenêtre de ma chambre, je l'ouvris et là, sous le grand chêne, la corde[24] au cou, mon malheureux fils se débattait contre ces soldats inhumains. Je tombai à genoux, j'invoquai

---

[13]**conserver** to preserve [14]**embaumer** to perfume [15]**s'épanouir** to bloom
[16]**grimper** to climb [17]**la charmille** bower, arbor [18]**glisser** to slide [19]**le gérant** manager
[20]**en friche** fallow [21]**le verrou** bolt, lock [22]**le hennissement** whinny [23]**le cauchemar**
nightmare [24]**la corde** rope

avec ferveur ce Dieu de miséricorde, ce Père Céleste qui ne laisse pas tomber un seul de nos cheveux, et mes forces me revinrent subitement. Tout cela n'avait pris qu'une minute. Je m'étais relevée devant un grand miroir qui masquait tout un panneau de ma chambre; mes longs cheveux
5 s'étaient déroulés, ils me tombaient jusqu'aux pieds et m'enveloppaient d'un nuage. En levant les yeux je me vis dans le miroir; à la pâleur de mon front, avec ma longue robe traînante, je tressaillis. . . . J'avais cru voir une apparition vengeresse, l'ange du foyer[25] descendu pour le défendre. Une idée subite et folle me vint à l'esprit. J'écoutai attentivement, j'entendis
10 des pas lourds et retentissants et le bruit d'une armoire qu'on défonçait,[26] mon armoire . . . où je mettais les choses les plus précieuses, mes bijoux de famille. . . . Les misérables. . . . Et mon fils! . . . Je courus à la fenêtre, mon malheureux fils était encore là, mais gisant à terre inanimé. . . . Ma résolution était prise. Je couvris de poudre ma figure, mon cou, mes mains,
15 et j'ouvris doucement la porte de ma chambre. Sans bruit, sans être aperçue, je me glissai dans l'angle le plus proche vis-à-vis de la fenêtre ouverte où entraient tamisés[27] par la verdure du parc les rayons incertains de la lune. J'attendis. . . . C'était bien un officier yankee, là, devant mon armoire, un tout jeune homme, grand et fort. . . . Il ne me voyait pas, il ne
20 m'avait pas entendu entrer. L'armoire était grande ouverte. Une odeur parfumée de rose était répandue dans toute la chambre, et l'officier, les deux mains remplies de leurs odorants pétales y avait enfoui[28] son visage. Je n'avais plus peur . . . la haine, l'indignation, la colère, l'idée du danger de mon fils, cette désécration de mon foyer, là, devant mes yeux, me don-
25 nèrent une force surnaturelle. Je m'avançai d'un pas. L'officier entendit le léger frôlement de ma longue robe sur le tapis, il leva la tête. . . . C'était le moment. . . . J'étendis le bras et avec une faible[29] voix, un souffle qui semblait un murmure lointain de la tombe, je lui dis les seuls mots anglais que je connusse: «*Go away!* . . .» Je le vis tressaillir . . . il m'avait aperçue. . . .
30 Non, jamais la terreur ne fut mieux exprimée que celle qui se peignit[30] sur ses traits. Ses mains tremblantes laissèrent échapper leur moisson de roses, son corps fut secoué d'un violent frisson, ses dents claquèrent, il me regardait la bouche ouverte, ses jambes mêmes semblèrent se dérober[31] sous lui. Je m'avançai résolument d'un pas, mes longs doigts glacés
35 et pâles touchèrent son épaule. En ce moment un rayon de lune glissant dans les interstices du feuillage m'enveloppa comme d'une lumière surnaturelle. Je fis un autre pas et murmurai plus faiblement encore: «*Go away.*»

«Pour cette fois le jeune homme n'y tint plus. Il tourna sur les
40 talons,[32] pris d'une terreur folle et s'enfuit. Je l'entendis crier d'une voix

---

[25]**le foyer** home, hearth   [26]**défoncer** to smash in   [27]**tamiser** to filter   [28]**enfouir** to bury, hide   [29]**faible** weak   [30]**se peindre** to be painted   [31]**se dérober** to slip away   [32]**le talon** heel

étranglée à ses compagnons sur la galerie: «*Haunted! Haunted!*» Je le suivis mécaniquement, mes doigts toujours étendus. A mon apparition sur le seuil de la porte, les soldats déjà en panique à la disparition précipitée de leur chef, le suivirent en poussant une clameur frénétique et j'entendis
5   bientôt le galop des chevaux et la fuite précipitée de l'escouade.[33]

«Je voulus courir à mon fils pour lui porter secours s'il était encore temps. Mais la force surnaturelle qui m'avait soutenue jusque là me manqua. Mes genoux ployèrent sous moi et, dans la froide nuit, sous les pâles rayons de la lune, je glissai inanimée sur le plancher, inerte et glacée,
10   comme le pâle fantôme que j'avais si merveilleusement représenté.»

POUR S'EXPRIMER

Choisissez le mot qui convient le mieux pour remplir les blancs:

1. Pendant la guerre ils faisaient de leur mieux pour _____.
   a. survivre
   b. rigoler
   c. dormir

2. Le soleil ne pénétrait pas car les arbres _____ la maison.
   a. ornaient
   b. entouraient
   c. soulignaient

3. Son _____ était féroce: elle avait envie de fuir.
   a. pied
   b. idée
   c. regard

4. Le fleuve _____ le long du jardin.
   a. coulait
   b. traversait
   c. se terminait

5. Soudain, il _____ que le bruit avait cessé.
   a. s'est aperçu
   b. a bougé
   c. a entendu

---

[33]**l'escouade** *(f)* squadron

6. L'histoire de cette journée dans le passé était _____.
   a. minime
   b. émouvante
   c. frivole

7. Face à ce géant, il se sentait _____.
   a. énorme
   b. amusé
   c. faible

8. Il est important que les aînés _____ l'histoire et la culture.
   a. conservent
   b. ignorent
   c. cachent

9. Il avait tellement peur qu'il a voulu _____ l'arbre pour fuir.
   a. découper
   b. grimper
   c. arroser

10. La route est gelée: on va _____ partout.
    a. rouler
    b. s'amuser
    c. glisser

11. Il a peur de s'endormir à cause de ses _____.
    a. cauchemars
    b. fromages
    c. romans

12. Pendant la guerre on se bat pour défendre maison et

    _____.
    a. foyer
    b. vin rouge
    c. troupeaux

AVEZ-VOUS COMPRIS?

1. Quel âge a la tante qui commence le récit?
2. Décrivez un peu la *grande tante*.
3. Pourquoi Elizabeth sursaute-t-elle lorsqu'elle entend les mots *la guerre confédérée*?

4. Que faisaient les bandes de cavalerie fédérale dans les alentours?

5. Quelle était *l'innocente passion* d'Elizabeth?

6. Que faisait le Yankee devant l'armoire?

7. Que veut dire *tamisé*? Est-ce que *l'apparition* a eu son effet parce que *les rayons incertains de la lune* étaient *tamisés*?

8. Est-ce que le fils est mort?

Faites le point!

1. Dans la chanson de Zachary Richàrd, *Ma Louisianne* (p. 118), il dit "On était en Louisiane avant les Américains". Où voit-on une perspective similaire dans ce conte?

2. Expliquez la triple culture qui apparaît ici.

3. Quel est le vrai pouvoir des roses ici? Symbolique? Catalytique? Vengeur?

4. Comparez ce conte à la scène de la fouille d'une armoire dans *La Nuit sacrée* de Tahar Ben Jelloun (p. 29).

Zachary Richàrd (1950–)

Zachary Richàrd, contemporain natif de la Louisiane, est poète et chanteur. Son œuvre représente la tradition musicale cajun, mot dérivé de Cadien, ou Acadien. Ses chansons évoquent la douce vie de la Louisiane, mais traitent aussi de la déportation de ses ancêtres de l'Acadie, sur la côte est du Canada, en 1755. C'est après cette déportation par les Anglais que les Acadiens se sont établis en Louisiane.

Cette histoire et la langue distincte des Cajuns animent les chansons de Richàrd aussi bien que les poèmes de son Voyage de nuit *(1987).*

AVANT DE LIRE . . .

1. Que savez-vous sur la déportation des Acadiens de la Nouvelle-Ecosse en 1755? Où sont-ils allés en dehors de la Louisiane?

2. Un exemple de la musique des Acadiens de Louisiane s'appelle le *zydeco.* Recherchez quelles en sont les caractéristiques. Cherchez à la bibliothèque des enregistrements de la musique de Zachary Richàrd.

3. Parcourez la chanson pour en dégager l'idée principale.

Ma Louisianne

Oublies voir pas qu'on est Cadien[1]
Mes chers garçons et mes chères petites filles.
On était en Louisianne avant les Américains,
On sera ici après qu'ils sont partis.

5 Ton papa et ta maman étaient chassés[2] de l'Acadie[3]
Pour le grand crime[4] de parler français,
Mais ils ont trouvés un beau pays,
Merci Bon Dieu pour La Louisianne.

La Louisianne, Ma Louisianne
10 Si belle au printemps
Si fertile[5] en été
Si doux en automne[6]
Pas mauvais en hiver,
Moi je suis fier d'être Cadien.

15 Oublies voir pas, mes chers enfants
Les manières du vieux temps passé,

---

[1]**Cadien** = Acadien   [2]**chasser** to chase   [3]**l'Acadie** French settlements in Nova Scotia
[4]**le crime** crime   [5]**fertile** fertile   [6]**en automne** in the fall

Le ciel et la terre ont beaucoup à nous montrer
Ecoutes les paroles des vieux Cadiens.

Chorus

Ma Louisianne, words and music by Zachary Richàrd and James Trussart
© Zachary Richàrd/Bayou des Mystères BMI-Les Editions du Marais Bouleur, SOCAN

POUR S'EXPRIMER

Remplissez les blancs avec un des mots suivants à la forme convenable.

en automne   chasser
le crime   fertile

1. La punition doit être adaptée _____.

2. Ils ont trouvé une région plus _____ et plus douce.

3. Des soldats anglais les ont _____.

4. Les feuilles tombent des arbres _____.

AVEZ-VOUS COMPRIS?

1. Pourquoi est-il important de ne pas *oublier*?
2. La déclaration «On était en Louisianne avant les Américains» est-elle exacte?
3. Quel mot en anglais vient du mot *Cadien*?
4. Quels sont les vers où l'accent est mis sur la nature?

FAITES LE POINT!

1. Comment l'héritage français et la nature sont-ils liés dans ces vers?
2. Résumez l'importance des ancêtres, d'après les mots de cette chanson.
3. Si vous avez lu le conte louisianais *La Folie aux roses* (p. 111), comparez les deux façons de raconter aux enfants.

20

Nouvelle-Angleterre

Louis Dantin (1865–1945)

*Louis Dantin est né à Beauharnois, au Québec. Après des études à Montréal, il s'embarque pour l'Europe et entre dans les ordres en Belgique en 1883. Il devient prêtre à Paris et Supérieur d'un couvent en Belgique. Il démissionne soudain à Paris, en 1893, et revient à Montréal. En 1903, il s'installe à Boston, où il vivra jusqu'à sa mort. Il collabore à des revues et à des anthologies (*Poètes de l'Amérique française 1, *1928;* Poètes de l'Amérique française 2, *1934*) avant de devenir aveugle. Deux de ses œuvres furent publiées de façon posthume:* Poèmes d'outre-tombe *et* Les Enfances de Fanny.

AVANT DE LIRE . . .

1. Lisez le poème à haute voix pour apprécier l'humour des rimes insolites. Pensez au monde poétique des années 1920–1930 en France (les Surréalistes, par exemple).
2. Recherchez l'histoire de la guerre de Cuba et sa chronologie. Quelles sont les leçons que les Américains en ont tirées?
3. Ce poème est un poème polémique. Qu'est-ce que cela veut dire?

La Guerre de Cuba

(Ceci n'est pas d'hier)

Les Yankees sur la mappemonde[1]
      Ronde
Voudraient voir pour maîtres et dieux
5   Eux.
Ils happent, comme crocodiles,
      Iles,
Falines et monts, villes et ports
      Forts.

---

[1]**la mappemonde** world map

10 Aux cieux où fleurit[2] le cigare
             Gare!
   Sampson avec ses loups-garoux[3]
             Roux
   S'en vient, du haut de sa pirogue,
15   Rogue,
   Dire au valeureux hidalgo:[4]
             "Go!"

   Mais l'autre, sans cérémonie,
             Nie
20 Le droit d'être ailleurs[5] que chez soi
             Roi
   Lui qui vainquit[6] le matamore[7]
             Maure[8]
   Croit pouvoir noyer dans son sang
25   Sam.

   Si la chaire de Salamanque[9]
             Manque
   De syllogisme assez subtil,
             Il
30 Répondra d'une autre manière
             Fière
   Par la bouche de maint canon:
             «Non!»

   Mais pour garder à cette flamme
35   L'âme
   Il faudrait, las! de pesetas[10]
             Tas!
   Et l'on n'a du nerf de la guerre
             Guère
40 Au sol indolent où Madrid
             Rit.

   De Saragosse à Carthagène
             Gêne!

---

[2]**fleurir** to grow, flower [3]**le loup-garou** werewolf [4]**hidalgo** *(m)* Spanish term for a man of property or nobility [5]**ailleurs** elsewhere [6]**vaincre** to conquer [7]**le matamore** braggart [8]**maure** moorish [9]**Salamanque** Salamanca (Spanish city as are the other place names, except Manila—Philippines) [10]**la peseta** unit of currency in Spain

Pour le troupier, pour le marin,[11]
45   Rien!
Pour Manille là-bas qui lutte[12]
   Flûte!
Et pour la flotte de Cadix
   Nix!

50 Alors régiments et bagages,
   Sages.
Restent aux portes d'Alcala:
   Là
Leur patriotisme s'excite
55   Vite;
Ils vont pourfendant,[13] sable au clair,
   L'air.

L'oncle Sam, qui fait la grimace,
   Masse
60 Cent croiseurs aux aciers épais;
   Mais
Toujours la flotte scélérate
   Rate
Les effets de ses gros vaisseaux[14]
65   Sots.

Cependant, voyez comme danse
   L'anse
Du panier d'où le lourd trésor
   Sort!
70 Vont-ils boire la banqueroute[15]
   Toute
Pour être, à coup de millions,
   Lions?

Aussi, quand survient à leur rêve
75   Trêve[16]
Et qu'ils voient fuir les billets verts
   Chers,

---

[11]**le marin** sailor [12]**lutter** to struggle, fight [13]**pourfendant** swashbuckling [14]**le vaisseau** ship [15]**la banqueroute** bankruptcy [16]**la trêve** truce

Le marchand qui vit sous leur crâne
> Damne
80 Le mal de mettre des Cubas
> Bas.

Louis Dantin, *Le Coffret de Crusoé*, © Lévesque, 1932, droits réservés

POUR S'EXPRIMER

Remplissez les blancs avec un des mots suivants à la forme convenable.

fleurir   ailleurs

vaincre   le marin

le vaisseau   lutter

1. _____ ont commencé à abandonner _____
   détruit par les canons.

2. Les soldats avaient _____ contre des forces qui leur étaient
   supérieures; ils ne pouvaient pas _____ un tel ennemi.

3. Le tabac _____ à Cuba.

4. Au commencement de la bataille le soldat voulait fuir: il aurait voulu
   être _____.

AVEZ-VOUS COMPRIS?

1. Selon Dantin, quelle est la raison pour *la Guerre de Cuba*?
2. Quels vers (troisième strophe) résument l'anti-colonialisme?
3. A quelle guerre se réfèrent les autres vers de la troisième strophe?
4. Pourquoi les *gros vaisseaux* sont-ils *sots*?
5. Notez qu'ici (neuvième strophe) le mot "anse" veut dire *handle*. Quelle
   critique économique est faite ici?
6. Dans le vers *Le marchand qui vit sous leur crâne*, l'auteur fait-il une
   observation stéréotypée sur la culture américaine?

FAITES LE POINT!

1. Un autre pays est-il mentionné, outre l'île de Cuba et les Etats-Unis?
   Pourquoi?
2. Pourquoi l'accent est-il mis sur *le trésor, les billets verts*?
3. Citez au moins deux aspects du colonialisme qui sont condamnés ici.

Rémi Tremblay *(1847–1946)*

Rémi Tremblay est né au Canada, à Saint-Barnabé. A l'âge de 12 ans il a déménagé à Woonsocket (Rhode Island), où il existe toujours une grande communauté de Québécois descendants des ouvriers d'usines. Tremblay a combattu dans la Guerre de Sécession qu'il a décrite dans Un Revenant *(1884), et il a été fait prisonnier à l'âge de 16 ans. Il a épousé une femme de la Nouvelle-Angleterre en 1867, et s'est installé dans le Vermont où il est devenu journaliste. Il a assumé la direction d'un journal à Fall River (Massachusetts). Outre ses recueils de poésie, il a écrit un roman (*Contre le courant*) qu'il a terminé juste avant sa mort, à Ottawa.*

AVANT DE LIRE . . .

1. Que savez-vous de l'immigration des Québécois dans le nord-est des Etats-Unis? Quels métiers exerçaient-ils?

2. Pensez aux immigrants de nos jours. Quels emplois exercent-ils? Comment passent-ils leurs loisirs? Comment les groupes d'immigrants s'organisent-ils?

3. Parcourez rapidement le poème pour en dégager l'idée principale. Quelle est cette idée?

L'Emigré canadien

Emigré canadien, dans la grande fabrique[1]
Je file le coton, ou je tisse[2] le drap.
Je cultive[3] le sol et je fais de la brique,[4]
Je ne marchande point le travail de mes bras.
5 Lorsque j'entends sonner la cloche matinale,
Je cours à mon labeur. Je dépense fort peu,
Car je tiens à revoir ma paroisse natale.[5]
C'est ma manière[6] à moi d'honorer le bon Dieu.

Je travaille souvent pour un maigre salaire;
10 Je ne suis pas flâneur, je fais tous les métiers:[7]
J'abats[8] dans les forêts le chêne séculaire,
A servir les maçons je consens volontiers.
Tout pauvre que je suis, je donne des exemples
De générosité. Je dois partir sous peu,
15 Cependant,[9] je souscris pour construire des temples.
C'est ma manière à moi d'honorer le bon Dieu.

---

[1]**la fabrique** mill, factory   [2]**tisser** to weave   [3]**cultiver** to cultivate   [4]**la brique** brick
[5]**la paroisse natale** parish of birthplace   [6]**la manière** manner, way   [7]**le métier** trade
[8]**abattre** to chop down   [9]**cependant** however

Au lieu de s'étourdir par de vaines paroles,
L'émigré tout d'abord assura le succès
De ses sociétés. Il ouvrit des écoles
20 Où ses jeunes enfants apprennent le français.
Ah! c'est que tout cela rappelle la patrie!
Il tient à revenir. Pour accomplir[10] ce vœu,
On le voit redoubler de travail, d'industrie.
C'est sa manière, à lui, d'honorer le bon Dieu!

Rémi Tremblay, *Caprices poétiques et chansons satiriques,* © A. Filiatreault, 1883, droits réservés

POUR S'EXPRIMER

Choisissez dans la colonne de droite un synonyme pour chaque mot à gauche:

la fabrique	la profession
la manière	faire croître
cependant	l'usine
le métier	toutefois
accomplir	la façon
cultiver	réaliser

AVEZ-VOUS COMPRIS?

1. Est-ce que cet ouvrier travaille bien?
2. Quels sont ses projets?
3. Est-ce qu'il est bien payé? Comment le savez-vous?
4. Est-ce qu'il a un seul métier ou est-ce qu'il symbolise tous les métiers durs?
5. Quel est le rapport entre le travail et Dieu?

FAITES LE POINT!

1. Observez les répétitions. Quelle qualité confèrent-elles au poème? Celle-ci a-t-elle une affinité avec le sujet?
2. Dans quels vers voyez-vous que l'auteur compte revenir au Canada? Vous pouvez rechercher si cela était l'espérance de la majorité de ces ouvriers.
3. Que pourrait signifier *s'étourdir par de vaines paroles*?

---

[10]**accomplir** to achieve, complete

21

Québec

Anne Hébert (1916–)

Anne Hébert, qui s'est installée en France en 1967, est née près de Québec. C'est une cousine du poète Saint-Denys Garneau, et ses recueils de poésie sont nombreux (Mystère de la parole, 1960). Son œuvre romanesque est pleine de passion et présente à la fois la culture du Québec et des thèmes surnaturels.

AVANT DE LIRE . . .

1. Que faites-vous le jour de votre anniversaire? Et le 4 juillet, si vous êtes américain(e)? Que célèbre-t-on en France le 14 juillet?
2. Avez-vous des souvenirs de vacances d'été passées au bord de la mer? Evoquez-les.
3. Pensez aux couleurs que l'on peut associer à la mer et au ciel. Faites preuve de créativité.

Les Fous de Bassan

J'ai eu quinze ans hier, le 14 juillet. Je suis une fille de l'été, pleine de lueurs vives, de la tête aux pieds. Mon visage, mes bras, mes jambes, mon ventre avec sa petite fourrure rousse, mes aisselles rousses, mon odeur rousse, mes cheveux auburn, le cœur de mes os, la voix de mon silence,
5 j'habite le soleil comme une seconde peau.

Des chants de coq passent à travers le rideau¹ de cretonne, se brisent sur mon lit en éclats fauves.² Le jour commence. La marée sera haute à six heures. Ma grand-mère a promis de venir me chercher avec ma cousine Olivia. L'eau sera si froide que je ne pourrai guère faire de mouvements.
10 Tout juste le plaisir de me sentir exister, au plus vif de moi, au centre glacé des choses qui émergent de la nuit, s'étirent et bâillent, frissonnent et cherchent leur lumière et leur chaleur, à l'horizon.

Je me pelotonne dans mon lit. Des pépiements d'oiseaux tout autour

---

¹**le rideau** curtain ²**fauve** fawn-colored

de la maison. La forêt si proche. L'épinette³ bleue contre la fenêtre. Les petits yeux noirs, brillants, des merles⁴ et des grives⁵ pointent derrière les rideaux. Le jour commence. J'ai quinze ans depuis hier. Ma mère m'a embrassée comme au jour de l'An. Ma grand-mère m'a offert une robe verte
5 avec un petit col blanc en peau d'ange. Mon frère aîné qui est pilote pour la Cunard accostera demain à Québec, sur l'*Empress of Britain.* Il sera ici dimanche, au plus tard. Il a promis de m'apporter des fioles⁶ d'odeur et des savonnettes.

Je ressemble à un chat, l'œil à peine ouvert et déjà en possession de
10 toute l'énergie du monde. D'un bond je saute à terre. J'éprouve⁷ sous mes pieds nus le doux du petit tapis et le lisse du plancher. Je fais le compte des gros nœuds⁸ et des petits nœuds sur la cloison de bois, je retrouve le lave-mains, avec sa cuvette bleue et ses serviettes blanches, les brocs pleins d'eau, alignés par terre, je respire le souffle léger de mes sœurs en-
15 dormies, chacune dans son petit lit de fer, j'écoute le grenier tout entier bruire de respirations enfantines, à gauche les trois filles, à droite les trois garçons, entre eux cette mince⁹ cloison de planches. J'embrasse ma sœur, la plus petite, sans la réveiller, sa joue ronde, son odeur de pivoine¹⁰ fraîche.

20 Voici ma grand-mère et ma cousine Olivia qui m'attendent au bord de la route. J'attrape une pomme sur la table de la cuisine, je la croque en plein vent et je crache les pépins dans toutes les directions. Des vergers naîtront un peu partout sur mon passage, dans la campagne.

Felicity ma grand-mère se réveille de plus en plus tôt. Devançant l'au-
25 rore parfois, elle nous entraîne,¹¹ Olivia et moi, en pleine noirceur, pour mieux voir venir la barre du jour. Avant que ne surgisse le moindre rayon à l'horizon, alors que la nuit n'est déjà plus tout à fait la nuit, devient blême et poisseuse, adhère à nos vêtements, son mufle glacé sur nos épaules, nous nous asseyons sur un rocher,¹² ma grand-mère, Olivia et
30 moi, serrées les unes contre les autres. En attente de la lumière. L'heure blafarde¹³ nous surprend comme une grappe d'algues visqueuses, collées au rocher, pénétrées jusqu'aux os de l'humeur même de la nuit.

Le premier reflet rose sur la mer grise, ma grand-mère prétend qu'il faut barboter¹⁴ dedans tout de suite et que c'est l'âme nouvelle du soleil
35 qui se déploie sur les vagues.¹⁵

Lorsque la marée¹⁶ haute se fait plus tardive et recouvre les grèves en

---

³**l'épinette** *(f)* spinet (bird)   ⁴**le merle** robin (in Quebec French)   ⁵**la grive** thrush
⁶**la fiole** phial   ⁷**éprouver** to feel   ⁸**le nœud** knot   ⁹**mince** thin   ¹⁰**la pivoine** peony
(flower)   ¹¹**entraîner** to drag along   ¹²**le rocher** rock   ¹³**blafard** pale, wan   ¹⁴**barboter**
to paddle   ¹⁵**la vague** wave   ¹⁶**la marée** tide

plein jour, Felicity refuse obstinément de se baigner, redevient farouche et lointaine. Il s'agit de l'aimer à l'aube, lorsqu'elle se fait plus douce et tendre, délivrée d'un enchantement.

J'aime les journées blanches de chaleur, le ciel et l'eau se reflétant
5 mutuellement, une fine buée[17] tiède répandue partout, la batture[18] molle, couleur d'huître, la trace des pas s'effaçant à mesure. La ligne d'horizon est insaisissable. Le premier jour du monde n'a pas encore eu lieu. C'est d'avant le partage de l'eau d'avec la terre. J'ai six ans et j'accompagne mon oncle John qui vient de relever ses filets[19] à marée basse. Olivia et
10 Perceval sont avec nous, dans la charrette. Le vieux cheval enfonce ses sabots dans la vase,[20] les retire lourdement, dans un bouillonnement d'eau, réveillant à chaque pas une source endormie. Quelque part au loin le grondement sourd de la marée qui monte et nous suit en rangs pressés. Le visage de mon oncle John est maussade,[21] comme d'habitude, impéné-
15 trable. Il ne semble craindre ni marée ni diable, à moins qu'il n'ait décidé de nous noyer tous avec le cheval et la charrette? Les deux gros barils dans la charrette sont pleins de poissons qui frétillent encore, de grosses anguilles[22] se débattent, agonisent, tout à côté de nous. Mon oncle John ne fait rien pour presser son cheval qui pose et retire lentement ses sabots
20 avec un bruit mou. Il y a quelque chose de rassurant et de monotone dans le pas tranquille du cheval, son effort égal pour nous sortir de la vase, et le profil bougon[23] de mon oncle John, sa silhouette voûtée, posée sur le ciel, têtu dans sa mauvaise humeur et sa certitude d'avoir raison.

La marée ne nous attaque pas de front, mais insidieusement, par en
25 dessous, tout d'abord souterraine elle monte bientôt à la surface, clapote contre les roues de la charrette et les sabots du cheval. Il n'est que de suivre les jambes du cheval s'enfonçant pas à pas pour mesurer l'avance de la marée, sabots,[24] paturons, boulets, jarrets[25] disparaissent lentement. Le temps de remarquer la batture recouverte d'une mince pellicule d'eau
30 frissonnante, à la jointure des vagues se rapprochant, et le cheval a de l'eau jusqu'au ventre. Mon oncle John est un sorcier. Il n'a qu'à brandir son fouet[26] en direction de la terre et la terre se rapproche aussitôt. Griffin Creek tout entier surgit à la pointe du fouet de mon oncle John avec ses maisons blanches, posées de travers sur la côte. La maison de mes pa-
35 rents est la plus réconfortante de toutes, reconnaissable à sa galerie de bois ouvragé. Autour de nous l'eau se reforme, s'étend en largeur, en longueur et en profondeur. La marée sera haute vers sept heures, ce soir.

---

[17]**la buée** mist   [18]**la batture** foamy suspension of sand in water   [19]**le filet** fishing net
[20]**la vase** mud   [21]**maussade** sullen   [22]**l'anguille** *(f)* eel   [23]**bougon** grumbling
[24]**le sabot** (here) horseshoe   [25]**paturons, boulets, jarrets** parts of the lower leg of a horse
[26]**le fouet** whip

Dans une vieille charrette, traînée par un vieux cheval, conduite par un homme morose, Olivia, Perceval et moi émergeons de la haute mer, pareils à des créatures marines, porteuses de poissonnailles fraîches.

Anne Hébert, *Les Fous de Bassan,* © Editions du Seuil, 1982, droits réservés

POUR S'EXPRIMER

Remplissez les blancs avec un des mots suivants à la forme convenable.

éprouver	le nœud	le rideau
mince	entraîner	la marée
le rocher	la vague	

1. La journée était ensoleillée; on a tiré _____ pour conserver la fraîcheur.

2. A l'annonce de la nouvelle, elle _____ une grande tristesse.

3. A _____ basse on peut trouver des crabes dans

   _____ .

4. Le soir de son anniversaire, il n'était jamais content du

   _____ de sa cravate.

5. Il n'aimait pas nager, mais les autres voulaient toujours

   l'_____ à la plage.

6. Il a gelé cette nuit. La route est couverte d'une _____ couche de glace.

7. Debout près de la plage, il a été renversé par _____ monstrueuse.

AVEZ-VOUS COMPRIS?

1. Vrai ou faux: cette jeune fille aime la chaleur et la lumière.
2. Trouvez dans le texte les indications que la jeune fille a des qualités farouches.
3. Qui arrivera dimanche, apportant des cadeaux?
4. Quand Felicity préfère-t-elle se baigner?
5. Quel souvenir l'auteur a-t-elle de l'âge de six ans?
6. Vrai ou faux: l'oncle John est un homme frivole et loquace.

FAITES LE POINT!

1. Résumez toutes les évocations du soleil et de la lumière.

2. Quelles autres forces de la terre—éléments fondamentaux de la nature—voyez-vous ici?

3. La jeune fille observe les adultes. Qu'est-ce qui vous intéresse dans ses observations?

4. Relevez et analysez les éléments qui, dans cette description, rappellent des procédés cinématographiques.

Emile Nelligan (1879–1941)

Emile Nelligan, prodige et "poète maudit", est né à Montréal. En 1899, il est interné dans un asile psychiatrique. Il s'est déjà révélé poète de grand talent, et son ami, le poète Louis Dantin arrange la publication de son œuvre. Ses poèmes montrent l'influence de Baudelaire et de Rimbaud, tout en créant des rythmes très frais. Il est mort, sans sortir de l'asile.

AVANT DE LIRE . . .

1. Ce poème est un sonnet, forme très pratiquée dans les traditions européennes. Cherchez la définition de *sonnet.* Connaissez-vous d'autres poètes très célèbres qui ont écrit des sonnets?

2. Demandez-vous ce que pourraient symboliser le titre *Les Corbeaux,* et quelle va être l'atmosphère de ce poème?

3. Connaissez-vous un poème très important, d'un poète français, qui dépeint *une charogne*?

Les Corbeaux

J'ai cru voir sur mon cœur un essaim de corbeaux
En pleine lande[1] intime[2] avec des vols funèbres,
De grands corbeaux venus de montagnes célèbres
Et qui passaient au clair de lune[3] et de flambeaux.[4]

5 Lugubrement, comme en cercle[5] sur des tombeaux
Et flairant un régal de carcasses de zèbres,
Ils planaient au frisson[6] glacé de nos ténèbres,
Agitant à leurs becs une chair en lambeaux.

Or, cette proie échue[7] à ces démons des nuits
10 N'était autre que ma Vie en loque, aux ennuis
Vastes qui vont tournant sur elle ainsi toujours

Déchirant[8] à larges coups de bec, sans quartier,
Mon âme, une charogne éparse au champ des jours,
Que ces vieux corbeaux dévoreront en entier.[9]

Emile Nelligan, *Œuvres complètes,* © Fidès, 1903, droits réservés

---

[1]**la lande** moor [2]**intime** intimate [3]**au clair de lune** by moonlight [4]**le flambeau** torch
[5]**le cercle** circle [6]**le frisson** shudder, shiver [7]**échu** due, payable to [8]**déchirer** to tear
[9]**en entier** entirely

POUR S'EXPRIMER

Choisissez le mot qui convient le mieux pour remplir le tiret:

1. La jeune fille rougit à la lecture de la lettre qui lui semblait trop

_____.

   a. honnête
   b. intime
   c. sérieuse

2. Le sonnet lui semblait macabre; il voulait le _____.
   a. déchirer
   b. mettre à la poste
   c. polycopier

3. Les oiseaux n'ont pas mangé la charogne _____.
   a. élégante
   b. poétique
   c. entière

4. Ils ont eu leur régal à minuit, _____.
   a. au clair de lune
   b. bon gré mal gré
   c. à tombeau ouvert

5. Ils ont formé _____ autour de lui.
   a. une idée
   b. le cercle
   c. les ténèbres

6. Cette vision de la mort lui a donné soudain _____.
   a. le frisson
   b. envie de manger
   c. la migraine

AVEZ-VOUS COMPRIS?

1. Où est cette *lande intime*? Est-ce que le mot *lande* évoque les lieux gais?

2. Pourquoi les corbeaux seraient-ils venus de montagnes *célèbres*?

3. Quels autres oiseaux *planent*?

4. Trouvez un synonyme de *lambeaux* dans le poème.

5. Comment *le temps* est-il finalement évoqué?

FAITES LE POINT!

1. Que suggèrent les mots *J'ai cru voir* . . . ?

2. Expliquez la dimension métaphorique qui est invoquée par les mots *essaim* et *zèbres*. Est-ce que l'évocation des corbeaux vus au parc à Montréal est ainsi dépassée?

3. Que pourrait signifier l'image d'une âme *déchirée, dévorée*?

Hector de Saint-Denys Garneau (1912–1943)

Hector de Saint-Denys Garneau est né à Montréal. Sa famille était aisée et il a grandi dans un milieu cultivé; il a néanmoins toujours éprouvé une sorte de malaise dans la vie. Il a fondé une revue, La Relève, *mais, pendant sa vie, il n'a publié qu'un seul recueil de poèmes:* Regards et jeux dans l'espace, 1937. *Il est cependant incontestable que son œuvre a beaucoup aidé la poésie québécoise à dépasser les influences académiques et françaises.*

Avant de lire . . .

1. Quels sont les différents sens que vous connaissez au mot *rayon*? Faites deux phrases illustrant deux sens différents.

2. Avez-vous quelquefois eu des moments créateurs? Quelles images associez-vous à ces moments (par exemple, élan créateur, envolée lyrique, etc.)?

3. L'auteur associe les notions d'*espace* et d'*infini* à l'acte de création poétique. Pensez aux images poétiques que vous suggèrent ces deux mots.

Autrefois

Autrefois j'ai fait des poèmes
Qui contenaient tout le rayon[1]
Du centre à la périphérie et au-delà
Comme s'il n'y avait pas de périphérie
5   mais le centre seul
Et comme si j'étais le soleil: à l'entour
                                     l'espace illimité
C'est qu'on prend de l'élan
                          à jaillir[2] tout au long du rayon
10 C'est qu'on acquiert une prodigieuse vitesse de bolide[3]
Quelle attraction centrale peut alors
                              empêcher qu'on s'échappe
Quel dôme de firmament concave   qu'on le perce
Quand on a cet élan pour éclater[4] dans l'Au-delà.

15 Mais on apprend que la terre n'est pas plate
Mais une sphère et que le centre n'est pas au milieu
Mais au centre

---

[1] **le rayon** ray   [2] **jaillir** to burst forth   [3] **le bolide** meteorite   [4] **éclater** to burst, explode

Et l'on apprend la longueur[5] du rayon ce chemin

trop parcouru[6]

20 Et l'on connaît bientôt la surface
Du globe tout mesuré inspecté arpenté[7] vieux sentier
Tout battu

Alors la pauvre tâche
De pousser le périmètre à sa limite
25 Dans l'espoir à la surface du globe d'une fissure,
Dans l'espoir et d'un éclatement des bornes
Par quoi retrouver libre l'air et la lumière.

Hélas tantôt désespoir
L'élan de l'entier rayon devenu
30 Ce point mort sur la surface.

Tel un homme
Sur le chemin trop court par la crainte du port
Raccourcit l'enjambée[8] et s'attarde à venir
Il me faut devenir subtil
35 Afin de, divisant à l'infini l'infime distance
De la corde à l'arc,[9]
Créer par ingéniosité un espace analogue à l'Au-delà
Et trouver dans ce réduit matière
Pour vivre et l'art.

Hector de Saint-Denys Garneau, *Regards et jeux dans l'espace*, © Fidès, 1949, droits réservés

POUR S'EXPRIMER

Remplissez les blancs avec un des mots suivants à la forme convenable.

le rayon	jaillir
éclater	la longueur
parcourir	s'attarder

1. _____ tout le poème avant de l'analyser.

2. Il ne faut pas _____ sur les images difficiles.

3. Il était découragé par _____ du roman.

4. L'eau _____ de la source volcanique.

---

[5]**la longueur** length   [6]**parcourir** run through, go over   [7]**arpenter** to survey   [8]**s'attarder** to stay, be delayed   [9]**de la corde à l'arc** from the string to the bow

5. Il portait des lunettes contre _____ du soleil.

6. Le rire a _____ au milieu d'un silence de mort.

AVEZ-VOUS COMPRIS?

1. Devinez quel a été son statut d'autrefois: que veut dire *comme si j'étais le soleil*?

2. Si vous avez compris ce qu'est *le firmament,* les verbes *percer* et *éclater* ne sont-ils pas des images d'une grande force vitale? D'où vient cette force?

3. *La surface du globe* est présentée de la même façon que le *firmament concave.* Pourquoi? Quelle est l'idée qui réunit ces deux images?

4. Que cherche-t-on en cherchant *l'air et la lumière*?

5. Trouvez une autre image concrète pour *devenir plus subtil* et pour *diviser à l'infini l'infime distance.*

FAITES LE POINT!

1. Résumez en détail quel état est indiqué par le mot *autrefois.*

2. Quelle sorte de déception est signalée par les phrases *chemin trop parcouru* et *sentier tout battu*?

3. Quel espoir existe pour le poète? Que pourrait signifier *un espace analogue à l'Au-delà*?

22

Belgique

Georges Rodenbach (1855–1898)

*Georges Rodenbach fait partie (comme Verhaeren) du mouvement symboliste.
Il est né à Tournai, en Belgique et mort à Paris. Son roman, Bruges-la-Morte
(1892), est très connu. On y voit les humeurs d'un poète symboliste, troublées
et confondues avec les brouillards et les eaux de la ville. Sa poésie, qui souvent
évoque les paysages de la Flandre, est également mélancolique.*

*Le symbolisme (par exemple de Mallarmé) se révèle par la construction très
exigeante d'une atmosphère particulière. Les objets concrets jouent un rôle précis
dans l'évocation d'un sentiment qui est, néanmoins, vague. Notez la sorte de
correspondance entre l'aspect physique de la ville et l'état intérieur de Hugues.*

Avant de lire . . .

1. Quel aspect de la ville est suggéré par le titre? Quel genre de ville
   imaginez-vous?
2. Recherchez quelques faits historiques et géographiques sur Bruges.
3. Recherchez le *symbolisme*. Quels en sont les éléments? Quels sont
   certains des poètes représentatifs de ce mouvement?

Bruges-la-Morte

Hugues recommençait chaque soir le même itinéraire, suivant la ligne des
quais, d'une marche indécise,[1] un peu voûté déjà, quoiqu'il eût seulement
quarante ans. Mais le veuvage[2] avait été pour lui un automne précoce. Les
tempes étaient dégarnies,[3] les cheveux pleins de cendre grise. Ses yeux
5 fanés[4] regardaient loin, très loin, au-delà de la vie.

Et comme Bruges aussi était triste en ces fins d'après-midi! Il l'aimait
ainsi! C'est pour sa tristesse même qu'il l'avait choisie et y était venu vivre
après le grand désastre.[5] Jadis, dans les temps de bonheur, quand il vo-
yageait avec sa femme, vivant à sa fantaisie, d'une existence un peu cos-

---

[1]**indécis** indecisive   [2]**le veuvage** state of being widower   [3]**dégarni** (here) losing hair
[4]**fané** faded   [5]**le désastre** disaster

mopolite, à Paris, en pays étranger, au bord de la mer, il y était venu avec
elle, en passant, sans que la grande mélancolie d'ici pût influencer leur
joie. Mais plus tard, resté seul, il s'était ressouvenu de Bruges et avait eu
l'intuition instantanée qu'il fallait s'y fixer désormais. Une équation mys-
5 térieuse s'établissait. A l'épouse morte devait correspondre une ville
morte. Son grand deuil exigeait[6] un tel décor. La vie ne lui serait supportable[7] qu'ici. Il y était venu d'instinct. Que le monde, ailleurs, s'agite,
bruisse, allume ses fêtes, tresse[8] ses mille rumeurs. Il avait besoin de silence infini et d'une existence si monotone qu'elle ne lui donnerait
10 presque plus la sensation de vivre.

Autour des douleurs physiques, pourquoi faut-il se taire,[9] étouffer[10]
les pas dans une chambre de malade? Pourquoi les bruits, pourquoi les
voix semblent-ils déranger la charpie[11] et rouvrir la plaie?

Aux souffrances morales, le bruit aussi fait mal.

15 Dans l'atmosphère muette des eaux et des rues inanimées, Hugues
avait moins senti la souffrance[12] de son cœur, il avait pensé plus doucement à la morte. Il l'avait mieux revue, mieux entendue, retrouvant au fil
des canaux son visage d'Ophélie[13] en allée, écoutant sa voix dans la chanson grêle[14] et lointaine des carillons.[15]

20 La ville, elle aussi, aimée et belle jadis,[16] incarnait de la sorte ses re-
grets. Bruges était sa morte. Et sa morte était Bruges. Tout s'unifiait en une
destinée pareille. C'était Bruges-la-Morte, elle-même mise au tombeau de
ses quais de pierre, avec les artères froidies de ses canaux, quand avait
cessé d'y battre la grande pulsation de la mer.

Georges Rodenbach, *Bruges-la-Morte,* © Flammarion, 1919, droits réservés

POUR S'EXPRIMER

*Choisissez dans la colonne de droite un antonyme pour chaque mot à
gauche:*

indécis	bavarder
exiger	accablant
le désastre	vif
la souffrance	résolu
étouffer	le succès
fané	laisser faire
se taire	la joie
supportable	libérer

---

[6]**exiger** to require   [7]**supportable** bearable   [8]**tresser** to weave together, plait
[9]**se taire** to keep quiet   [10]**étouffer** to stifle   [11]**la charpie** (here) dressing on wound
[12]**la souffrance** suffering   [13]**Ophélie** daughter of Polonius in Shakespeare's *Hamlet*
[14]**grêle** high-pitched   [15]**le carillon** chime   [16]**jadis** in the past

Avez-vous compris?

1. Que fait Hugues chaque soir?
2. Quel est *le grand désastre*?
3. Comment a-t-il connu Bruges dans le passé?
4. De qui parle-t-on dans la phrase *Il avait pensé plus doucement à la morte*?
5. Pourquoi Ophélie est-elle une allusion pertinente?
6. Résumez: Pourquoi Hugues avait-il choisi cette ville *pour sa tristesse même*?

Faites le point!

1. Enumérez plusieurs éléments de *l'équation mystérieuse*.
2. Cherchez les correspondances entre l'aspect physique de la ville et l'état d'âme d'Hugues.
3. Après le premier paragraphe, essayez de déterminer pourquoi Hugues regarderait *au-delà de la vie* et pourquoi, pour lui, ce serait *un automne précoce*.
4. Relisez plusieurs fois le texte pour le *ressentir* sans en chercher les faits. Y aurait-il une autre façon d'écrire ce récit, de dépeindre les gestes et les pensées de ce veuf?

Georges Simenon (1903–1989)

Georges Simenon est né à Liège (Belgique) et mort à Lausanne (Suisse). Il est surtout connu pour sa série de romans policiers qui mettent en scène le commissaire Maigret. Mais il aborde bien d'autres sujets dans ses 200 romans. Il a aussi écrit des contes et fait du journalisme. Le style et la langue de son projet réaliste ont été beaucoup loués par les critiques. Quand le langage et les lieux ne sont pas parisiens, et surtout dans les textes autobiographiques (Pedigree, 1951), il dépeint souvent la Belgique et les paysages du Nord.

AVANT DE LIRE . . .

1. Le titre ne vous révèle pas beaucoup. Le mystère est cultivé dans le premier paragraphe. Parcourez-le pour essayer de deviner ce qui se passe. Pourquoi le mot *précautions*?

2. Cherchez le mot *sauvage* dans le dictionnaire. Pensez à certaines personnes pour lesquelles vous pourriez employer cet adjectif. Décrivez leur comportement, leur attitude.

3. Avez-vous jamais été dans une situation où vous avez rendu service à quelqu'un, et cette personne a continué de dépendre de vous malgré vous. Expliquez.

4. Cherchez le mot *concierge* dans le dictionnaire. Pensez comment cette personne peut avoir un rôle important dans la vie des locataires d'un immeuble.

Nicolas

Au début,[1] les deux amis prenaient des précautions. Dès neuf heures et demie du soir, Nicolas, toujours enrhumé du cerveau, engoncé[2] dans un énorme cache-nez de tricot rose bébé, faisait les cent pas sur le trottoir[3] de gauche de la rue de Turenne. C'était un peu une loterie. Des soirs, il n'y
5 avait pour ainsi dire pas d'attente; d'autres fois, Nicolas en avait pour une bonne heure à battre la semelle[4] en regardant les lumières s'éteindre[5] les unes après les autres aux fenêtres.

De toutes ces lumières, une seule importait, un peu rougeâtre, au deuxième étage du 37 *bis*.[6] Quand elle s'éteignait et se rallumait deux fois
10 coup sur coup, Nicolas perdait instantanément ses attitudes de chien errant, traversait la chaussée et sonnait à la porte dont le mécanisme ne tardait pas à se déclencher.

A cette heure-là, la concierge n'était pas couchée. Le plus souvent,

---

[1]**au début** at the beginning [2]**engoncé** awkward [3]**le trottoir** sidewalk [4]**battre la semelle** to walk back and forth, kill time [5]**s'éteindre** to turn off, go out [6]**37** *bis* 37A, or 37½ (street address)

dans le fond de la loge embuée,[7] elle s'occupait à lessiver les langes de son bébé et elle tournait à peine la tête, peu inquiète des locataires qui rentraient.

Nicolas, marchant de travers pour ne laisser voir qu'un profil perdu,
5 passait vite, s'engageait dans l'escalier où, passé le premier étage, il s'arrêtait un moment pour retirer ses souliers presque toujours détrempés qu'il portait ensuite à la main.

La lumière avait le temps de s'éteindre avant le second étage. Une porte, à droite, une vilaine porte brune, étroite, était entr'ouverte sur un
10 logement tout plein de bonne chaleur et d'odeurs de cuisine.

Il entrait sans bruit, traversait sur la pointe des pieds l'entrée non éclairée[8] pendant que, derrière lui, son ami Paul refermait l'huis[9] et mettait le verrou.

Souvent, de derrière une porte, une voix de femme s'inquiétait:
15 —Qu'est-ce que tu fais, Paul?
—Rien, tante. Je m'assurais que le verrou était mis!

Le logement n'était pas grand. Une chambre à gauche, puis une cuisine; au fond, un réduit qu'on avait transformé en salle de bain et où la baignoire,[10] encore que de petit modèle, prenait toute la place; enfin une
20 chambre à droite, donnant sur la cour.[11] C'était celle de la tante. La belle chambre, celle de devant, avait été cédée à Paul, par miracle, car autrement les signaux lumineux eussent été impossibles.

Chaque soir, Paul tremblait pendant cet éclusage délicat[12] et c'était invariablement un visage pâle et crispé que Nicolas découvrait quand la
25 porte de la chambre se refermait sur eux deux.

En réalité, Paul ne l'avait pas fait exprès,[13] n'avait même jamais été tout à fait consentant à cette combinaison qui, fortuite d'abord, était devenue une habitude en attendant d'être considérée par Nicolas comme un droit acquis.

30 C'était arrivé bêtement. Ils s'en revenaient un soir du petit café de Montmartre où ils se réunissaient à quatre ou cinq, tous de Lille,[14] où ils avaient été amis, tous plus ou moins artistes et appelés à de hautes destinées.

—Où vas-tu? avait demandé Paul, qui logeait à Paris chez une sœur de
35 sa mère.

—Je ne sais pas.
—Tu as quitté ton hôtel de la rue des Dames?
—Il y a déjà trois jours.
—Alors, tu couches où?
40 —Nulle part.

---

[7]**embué** clouded with steam [8]**éclairé** well lit [9]**l'huis** (m) door [10]**la baignoire** bathtub
[11]**la cour** courtyard [12]**éclusage délicat** entering was like the working of lock (on a canal)
[13]**exprès** on purpose [14]**Lille** city in northern France

Nicolas disait cela si simplement que c'en était irrésistible. Il marchait avec sérénité, comme un homme qui va quelque part, et cependant . . .

—Mais enfin, ces trois nuits?

5 Un geste, sans emphase, pour désigner les rues où clignotaient les becs de gaz.[15]

—Par ce froid?

Un haussement d'épaules. Il était comme ça.

—Je te reconduis un bout de chemin, murmurait-il ensuite. C'est loin,
10 chez ta tante?

—Rue de Turenne . . .

Et l'autre avait l'air de dire, à la façon muette du chien perdu qui adopte pour maître le premier passant venu:

—Va pour la rue de Turenne!

15 Il questionnait:

—Elle est riche, ta tante?

—Non. Elle est veuve[16] d'un employé du chemin de fer et elle touche une petite pension.

—Tu as une chambre pour toi tout seul?

20 —Bien sûr . . .

Ce fut tout. Il ne demanda rien. Il s'arrêta devant la porte. Il tombait une petite pluie noire et froide, et c'était Paul qui avait proposé, comme l'autre ne s'en allait pas, mais ne quémandait[17] pas non plus:

—Monte avec moi . . . Ma tante doit être endormie . . . Tu n'auras
25 qu'à partir avant sept heures . . .

Il lui avait fait retirer ses souliers dans l'escalier. Il avait crié à sa tante, à travers[18] une porte:

—C'est moi . . .

Nicolas, cette nuit-là, avait tenu à dormir par terre, tout habillé, en af-
30 firmant qu'il dormait mieux ainsi. Il était parti à sept heures. Puis, le soir, Paul l'avait rencontré au coin de la rue.

—Où vas-tu?

—Je ne sais pas . . . J'avais trouvé un remplacement dans un caveau des Halles,[19] mais ils m'ont fichu à la porte[20] parce que j'ai dit au patron
35 qu'il chantait faux . . . Je ne peux pourtant pas accompagner au piano quelqu'un qui chante faux . . .

—Tu as mangé?

Encore un geste flou,[21] qui signifiait que c'était sans importance.

—Et pour coucher?

40 Même geste.

---

[15]**le bec de gaz** gaslight   [16]**la veuve** widow   [17]**quémander** to beg   [18]**à travers** through
[19]**un caveau des Halles** bar or club in Halles section of Paris (near modern Centre Pompidou)   [20]**fichu à la porte** kicked out   [21]**flou** vague, fuzzy

—Bon . . . Maintenant, il faut que je rentre . . . Mais quand ma tante sera couchée, j'éteindrai et rallumerai deux fois la lampe . . . Je vais te montrer la fenêtre . . . Tu n'auras qu'à monter . . .

Nicolas monta, s'étendit par terre, sur une couverture, et, cette fois, il 5 retira ses souliers et ses chaussettes trouées.

—Tu comprends! J'en profite pour les mettre à sécher . . .

A sept heures, Paul eut quelque mal à le réveiller et Nicolas ne parut pas content de son insistance à le pousser dehors, alors qu'on entendait la tante dans son lit.

10 —A ce soir . . . annonça-t-il.

Cela dura peut-être huit jours, peut-être neuf. Le plus dur, de plus en plus, c'était de le réveiller le matin. Et un jour il n'y eut rien à faire.

—Non, mon vieux . . . Ce n'est pas humain . . . Qu'est-ce que tu veux que je fasse dehors à cette heure-ci? . . . Tu vas voir . . .

15 Et il se glissa sous le lit, tout au fond, contre le mur, attira à lui ses chaussures et ses chaussettes.

—Ta tante ne me verra pas . . . Il faudra bien qu'elle sorte pour faire son marché et j'en profiterai . . . Laisse-moi la clef . . .

Paul, qui se destinait au journalisme, et qui avait été reporter à Rou-20 baix,[22] travaillait en attendant mieux comme correcteur dans une petite imprimerie de la Bourse.[23] Il partait à huit heures et demie, après avoir pris son café au lait et ses croissants en tête-à-tête avec sa tante.

Il n'y avait pas le chauffage central dans le logement. Pour que les pièces soient chauffées[24] par la cuisinière, on laissait toutes les portes ou-25 vertes.

C'était gênant[25] de savoir Nicolas sous le lit . . . Et de le laisser là avec la tante . . . Mais que faire?

Les choses se passèrent fort bien ce jour-là. Nicolas ne vit de la brave femme que les pantoufles et les chevilles un peu épaisses tandis qu'elle 30 faisait le lit et balayait la chambre.

Elle sortit vers dix heures, comme il s'y attendait, et il s'en alla peu de temps après, non sans avoir vidé la cafetière[26] où il restait un fond de café et glissé deux morceaux de sucre dans sa poche.

La concierge était dans le corridor. Elle regarda avec un peu d'éton-35 nement ce jeune homme aux vêtements râpés,[27] à l'écharpe rose tendre et à la toison rousse, en crinière de lion,[28] mais il la salua si simplement qu'elle oublia de réfléchir à son sujet.

Le soir Nicolas était si enrhumé[29] que Paul lui fit une place dans son lit et lui permit de se déshabiller. Le lendemain matin, Nicolas eut une 40 nouvelle chance. Au petit déjeuner, la tante annonça à son neveu:

---

[22]**Roubaix** city in northern France   [23]**la Bourse** stock exchange, financial district
[24]**chauffé** heated   [25]**gênant** embarrassing   [26]**la cafetière** coffee pot   [27]**râpé** threadbare
[28]**la crinière de lion** lion's mane   [29]**enrhumé** sick with a cold

—C'est malheureux qu'il gèle. Il faut que j'aille voir madame Micou à Grenelle[30] et je ne rentrerai probablement pas avant le soir.

Paul se douta de ce qui allait se passer. Et cela se passa. Pourquoi Nicolas s'en serait-il allé, quand il se trouvait dans un logement bien chauffé, où il y avait un lit?

La tante à peine dehors, il se leva, en caleçon,[31] alla dans la cuisine et rechargea le poêle,[32] se fit cuire un œuf qu'il mangea avec un morceau de pain couvert d'une bonne épaisseur de beurre. Après quoi, le poêle à nouveau bourré, il retourna dans *son* lit et se rendormit. Il avait mis le réveil sur trois heures et, à quatre heures, après être allé se chauffer et avoir grignoté du sucre, il prit place, non plus sur, mais sous le lit, où Paul le retrouva.

—Tu n'es pas sorti?

—A quoi bon?

—Tu as mangé?

Un geste vague, son geste vague qui était si éloquent que l'autre ne pouvait y résister et qu'il lui apporta deux petits pains au jambon achetés chez le charcutier d'en face.

Dommage que la tante ne sortît pas tous les jours! Du moins, maintenant, chaque jour, Nicolas faisait-il la grasse matinée, sous le lit, ne sortant qu'une fois la tante en courses dans le quartier.

Chaque fois qu'elle le rencontrait, la concierge avait le même sursaut, le même front plissé de quelqu'un qui pense:

—Mais où diable ai-je déjà vu cette tête-là?

D'autant plus que, paresseux[33] pour sa toilette, Nicolas avait décidé de laisser pousser sa barbe.

Elle questionnait parfois ses locataires.

—Il n'est pas venu quelqu'un pour vous, madame Roy?

—Je n'ai vu personne . . .

—Cela devait être pour le cinquième, alors . . .

Ou pour le troisième . . . ou . . .

Lui saluait poliment, avec une assurance désarmante, et se glissait dans la rue où il arpentait quotidiennement, du même pas décidé, des kilomètres de trottoir.

—Tu sais, mon vieux, je crois que la semaine prochaine je te quitterai . . .

Il annonçait ça timidement, avec des ménagements,[34] comme une mauvaise nouvelle.

—Il est question que je parte avec une tournée d'opérette[35] qui a besoin d'un pianiste . . . Le Midi . . . Puis les Pyrénées.

---

[30]**Grenelle** street, and district, southwest Paris   [31]**en caleçon** in his underwear
[32]**le poêle** stove (here a woodstove for heat and cooking)   [33]**paresseux** lazy
[34]**avec des ménagements** hemming and hawing   [35]**l'opérette** *(f)* operetta

Quelquefois la tante murmurait:

—C'est toi qui as pris du sucre, Paul?

—Oui, tante . . .

—C'est drôle . . . Je ne sais pas si je perds la mémoire, mais il me sem-
5 ble toujours qu'il me manque des œufs . . .

—Tu sais . . . Il m'arrive . . . il m'arrive parfois d'en gober[36] un en ren-
trant ou en sortant . . .

—Je croyais que tu détestais les œufs crus . . .

Bien entendu, Nicolas ne partait pas en tournée, n'en parlait jamais
10 plus. Et, ce qui gênait davantage Paul, c'était son sentiment que son ami
ne cherchait pas de travail, n'avait aucun désir de trouver ailleurs à se
loger.

Il devait crever de faim. Ce n'est pas drôle de dormir sous un lit, puis
de passer ses journées à marcher sans fin dans un Paris hivernal.

15 Ce n'était donc pas par paresse . . . Alors?

Paul sentait confusément qu'il y avait autre chose, quelque chose
qu'il ne faisait que vaguement pressentir et qui le tracassait.[37]

Nicolas s'était habitué, voilà! Il avait ses heures, ses manies. Il s'était
créé un petit monde auquel il tenait et, ma foi, il n'avait aucune envie de
20 s'en laisser déloger.

Même la tante . . . Peut-on prétendre qu'une certaine intimité s'était
établie entre elle et Nicolas? Pas de son côté à elle, puisqu'elle ignorait
l'existence de son hôte.[38] Mais de son côté à lui.

Il voyait arriver ses pantoufles[39] mauves, ses chevilles un peu grasses.
25 Il l'entendait fredonner,[40] parler toute seule. Elle s'asseyait à deux mètres
de lui, après avoir fait le lit, pour se gratter la plante des pieds. Elle faisait
chauffer de l'eau pour son bain, le samedi, et il aurait pu, s'il avait voulu,
la regarder par la serrure.

—Tu sais que c'est une brave femme? disait-il gravement à Paul.

30 —Je sais . . .

—Mais elle est gaie, mon vieux! Quand elle est toute seule, elle est
très gaie . . .

—Sans blague!

—Avec toi, elle se montre sévère, parce qu'elle a peur que tu tournes
35 mal . . . Mais si! Je sais ce que je dis . . . Hier, la concierge est montée lui
porter le courrier[41] et elles ont parlé de toi . . . Il paraît que ton père . . .

—Quoi, mon père?

—Enfin, qu'il n'a pas toujours été très sérieux . . . Qu'est-ce que tu
penses de ma barbe? . . .

40 Et, une autre fois:

—Dis donc, croirais-tu que la concierge a tellement l'habitude de moi

---

[36]**gober** to gobble   [37]**tracasser** to worry (transitive)   [38]**l'hôte** *(m; f)* guest   [39]**la pantoufle**
slipper   [40]**fredonner** to hum   [41]**le courrier** the mail

qu'elle me salue dans l'escalier? . . . Elle finit par me prendre pour un locataire . . . Si j'étais riche, je lui donnerais des étrennes[42] . . .

Un soir, la tante demanda à son neveu:

—Tu n'es pas rentré de la journée?

5 —Non, tante . . . Je ne crois pas . . .

—Comment, tu ne crois pas?

—Je veux dire . . .

—Avoue que c'est curieux . . . J'avais laissé de la savonnée dans une bassine pour laver des bas . . . Quand je suis rentrée de faire mon marché,

10 elle n'y était plus . . . Je n'ai pourtant pas l'âge de perdre la mémoire . . .

Un peu plus tard, Paul questionnait Nicolas.

—C'est toi qui t'es servi de la savonnée de ma tante?

—Elle s'en est aperçu? Pour laver mon linge, figure-toi . . .

—Hein?

15 —Je savais qu'elle avait beaucoup de courses à faire . . . J'en ai profité . . . Je finissais par me dégoûter . . . Je puais, mon vieux! . . .

—Il ne te manquera plus que de te faire chauffer un bain dans la baignoire . . .

Imprudent qu'il était! S'il avait seulement soupçonné que cette pers-

20 pective d'un bain chaud enfiévrait son ami depuis des semaines!

L'occasion s'en présenta, hélas! La tante, un matin, parla d'aller visiter la tombe de son mari au Père-Lachaise. Pourquoi, averti par quel instinct, Paul essaya-t-il de l'en dissuader?

—Il y a du verglas[43] . . . Tu ferais mieux d'y aller un autre jour,

25 tante . . .

—Voilà déjà une semaine que je me dis ça . . . C'est justement par ce temps-là que le cimetière est si triste . . .

Elle partit. Elle prit son métro rue Saint-Antoine et, deux stations plus loin, elle en descendit. Elle n'était pas tranquille. Vraiment, elle com-

30 mençait à se méfier de[44] sa mémoire. Est-ce que, oui ou non, elle avait oublié de fermer le gaz? Elle voulut en avoir le cœur net,[45] revint sur ses pas. La porte du logement à peine ouverte, elle n'eut plus aucun doute. De la vapeur flottait dans l'appartement, une odeur chaude, comme une odeur de lessive, prenait à la gorge . . .

35 Elle courut vers la cuisine . . . En passant, elle vit, ouverte, la porte de la salle de bain et, dans la baignoire de zinc, un homme, une barbe rousse qui flottait sur l'eau savonneuse, une tignasse[46] flamboyante.

Quand Paul rentra, ce soir-là, il sursauta, puis devint blême en voyant

40 sa tante et Nicolas attablés sous la lampe. Il ne fut même pas rassuré par le clin d'œil que lui lança son ami.

---

[42]**les étrennes** *(f pl)* New Year's gift or tip   [43]**le verglas** glare ice   [44]**se méfier de** to distrust   [45]**en avoir le cœur net** to clear things up   [46]**la tignasse** shock of hair

—Entre, Paul, disait la tante d'une voix assez sévère. Tu vois que tout finit par se savoir et que tu as eu tort . . .

—Je vous demande pardon, bafouilla-t-il à tout hasard.

—Ton ami m'a tout raconté . . . Je ne te fais pas de reproches, bien
5 que tu en mérites! . . . En somme, tu as eu bon cœur et tu . . .

Elle lui remplissait son assiette de soupe.

—Mange . . .

—Comment est-ce que vous avez . . .

—Peu importe . . . Ne parlons pas de cela . . . Je vois seulement une
10 chose: ton ami est malheureux et nous pouvons encore l'aider pendant quelques jours . . . Il y a un vieux lit de camp au grenier⁴⁷ et nous le dresserons tout à l'heure dans ta chambre . . .

Nicolas mangeait comme Paul n'avait jamais vu manger personne, tellement occupé par cet acte considérable qu'il n'entendait rien, ne vo-
15 yait rien, restait étranger à la conversation.

—Dorénavant,⁴⁸ tu te fieras davantage à moi et, dans des cas semblables . . . Buvez un peu de vin, M. Nicolas, cela vous fortifiera . . . Quand je pense . . .

Ce n'était qu'une petite bonne femme bien banale et sensible, qui se
20 demandait si elle aurait assez de couvertures, puis où elle avait mis la clef du grenier, puis . . .

—Viens là-haut avec moi chercher le lit de camp . . . Attendez-nous quelques minutes, M. Nicolas . . .

Ils pataugèrent tous les deux dans les objets les plus inattendus et
25 dans les toiles d'araignée,⁴⁹ à la lumière d'une bougie.⁵⁰

—Quand je pense à ce que ce pauvre garçon a pu souffrir! . . . Mais tu ne te doutes pas que je vivais, sans m'en méfier, tout près d'un homme, que parfois je passais déshabillée dans le couloir, que j'aurais pu . . . Tu n'es pas raisonnable, Paul . . . Enfin, maintenant . . .

30 Ils redescendirent, regardèrent avec étonnement autour d'eux. Paul appela:

—Nicolas! . . . Nicolas! . . .

Nicolas était parti, sans rien dire.

—Qu'est-ce qui lui a pris?⁵¹

35 —Je ne sais pas . . . Je me le demande . . . Tu comprends, il est un peu sauvage.

—Tu crois que c'est par timidité qu'il . . .

Il valait mieux dire oui.

Mais ce n'était pas vrai, Paul le sentait. C'était tout simplement parce
40 que la chose n'avait plus d'attrait. Au point où on en était, il aimait encore

---

⁴⁷**le grenier** attic   ⁴⁸**dorénavant** from now on   ⁴⁹**la toile d'araignée** spiderweb
⁵⁰**la bougie** candle   ⁵¹**Qu'est-ce qui lui a pris?** What came over him?

mieux marcher dans les rues, s'étendre sur un banc ou traîner dans des cafés lugubres.

Il le vit le surlendemain, dans leur bistro de Montmartre, et c'était Paul qui était gêné, Nicolas qui ne l'était pas du tout.

5 —Ecoute, mon vieux, tu es un salaud. Ma tante se donne la peine de te descendre un lit, de t'installer dans ma chambre. Elle te permet, la brave femme, de . . .

—Et après? Tu ne voudrais quand même pas que j'accepte votre hospitalité? . . .

10 Paul faillit parler des morceaux de sucre, des œufs gobés, du pain qui . . . et encore du linge lavé dans . . . et du feu qu'on retrouvait toujours rouge bien que personne ne l'eût chargé . . .

La voix lui manqua. Cela restait trop compliqué pour lui. Et, s'il garda à Nicolas une rancune telle que la bande, entraînée par lui, changea de 15 café pour dépister[52] le musicien, ce fut sans savoir au juste pourquoi.

POUR S'EXPRIMER

Remplissez les blancs avec un des mots suivants à la forme convenable.

le début	s'éteindre
le trottoir	éclairé
la cour	exprès
à travers	chauffer
gêner	enrhumé
la paresse	se méfier de

1. On ne peut pas comprendre _____ de l'histoire sans lire plus loin.

2. La rue n'a pas beaucoup de lumière. Elle est si mal _____ que je ne peux pas marcher sur _____.

3. Dépêchez-vous! La lumière va _____.

4. Ne jouez pas au ballon dans la salle à manger! Allez dans _____.

5. Il ne faut pas lui en vouloir. Il ne l'a pas fait _____.

---

[52]**dépister** to throw off

6. Je ne peux pas vous comprendre si vous parlez _____ la porte.

7. Pendant l'hiver la chambre est si mal _____ que je risque d'être _____.

8. Il est toujours _____ lorsqu'il doit parler devant la foule.

9. Malgré sa _____, il a réussi à balayer la salle.

10. Il faut _____ gens qui acceptent tout sans rien payer.

AVEZ-VOUS COMPRIS?

1. Après avoir lu toute l'histoire, pouvez-vous dire (premier paragraphe) pourquoi l'attente était longue un soir, courte un autre.

2. Comment se fait-il que Nicolas peut éviter la concierge?

3. Est-ce que la tante est riche?

4. Pourquoi Nicolas n'a-t-il pas de travail?

5. Pourquoi est-il de plus en plus difficile de réveiller Nicolas le matin?

6. Que mange Nicolas pendant les journées chez la tante?

7. Comment la tante se rend-elle compte de ce qui se passe?

FAITES LE POINT!

1. Il y a peu de mots utilisés pour décrire Nicolas; sa manière et ses gestes sont, il paraît, *simples*. Qu'est-ce qui est caché par cette simplicité? Suggestions: la duplicité, ou le mystère tout court?

2. Tâchez d'expliquer le *pourquoi* par lequel ce conte se termine.

3. Ce conte est un conte réaliste. Notez les éléments de psychologie. Analysez comment l'auteur développe l'intimité par degrés. Donnez des exemples.

Emile Verhaeren (1855–1916)

Emile Verhaeren est né près d'Anvers en Belgique. Il est mort en France à Rouen. Outre le symbolisme qui conduit rapidement à la poésie moderne, l'œuvre de Verhaeren affiche un autre modernisme: la vision des usines, de la révolution industrielle, de la vie des grandes villes. Il a aussi chanté la Flandre d'une façon nostalgique: les Flamandes *(1883),* Toute la Flandre *(1904–1911).*

AVANT DE LIRE . . .

1. Lorsque vous lisez le titre *Les Mendiants,* à quoi vous attendez-vous?
2. Quels moyens la société utilise-t-elle pour évincer les mendiants, les vagabonds, les "sans domicile fixe"? Quelles sont les menaces qui pèsent sur ces êtres?
3. Parcourez le poème. Dégagez-en rapidement quelques descriptions.

Les Mendiants

Les jours d'hiver quand le froid serre
Le bourg, le clos, le bois, la fagne,[1]
Poteaux[2] de haine et de misère,
Par l'infini de la campagne,
5 Les mendiants ont l'air de fous.

Dans le matin, lourds de leur nuit,
Ils s'enfoncent au creux des routes,
Avec leur pain trempé[3] de pluie
Et leur chapeau comme la suie
10 Et leurs grands dos comme des voûtes[4]
Et leurs pas lents rythmant l'ennui;
Midi les arrête dans les fossés[5]
Pour leur repas ou leur sieste;
On les dirait immensément lassés
15 Et résignés aux mêmes gestes;
Pourtant, au seuil[6] des fermes solitaires,
Ils surgissent, parfois, tels des filous,[7]
Le soir, dans la brusque lumière
D'une porte ouverte tout à coup.

20 Les mendiants ont l'air de fous.

---

¹**la fagne** type of peat bog (a word from Walloon language) ²**le poteau** post ³**trempé** soaking ⁴**la voûte** vault ⁵**le fossé** ditch ⁶**le seuil** threshold ⁷**le filou** robber, swindler

Ils s'avancent par l'âpreté
Et la stérilité du paysage,[8]
Qu'ils reflètent, au fond des yeux
Tristes de leur visage;
25 Avec leurs hardes et leurs loques
Et leur marche qui les disloque,
L'été, parmi les champs nouveaux,
Ils épouvantent les oiseaux;
Et maintenant que décembre sur les bruyères[9]
30 S'acharne et mord
Et gèle,[10] au fond des bières,[11]
Les morts,
Un à un, ils s'immobilisent
Sur des chemins d'église,
35 Mornes, têtus[12] et droits.
Les mendiants, comme des croix.

Avec leur dos comme un fardeau[13]
Et leur chapeau comme la suie,[14]
Ils habitent les carrefours
40 Du vent et de la pluie.
Ils sont le monotone pas
—Celui qui vient et qui s'en va
Toujours le même et jamais las—
De l'horizon vers l'horizon.
45 Ils sont l'angoisse et le mystère
Et leurs bâtons sont les battants
Des cloches de misère
Qui sonnent à mort sur la terre.
Aussi, lorsqu'ils tombent enfin,
50 Séchés de soif, troués de faim,
Et se terrent comme des loups,
Au fond d'un trou,
Ceux qui s'en viennent,
Après les besognes quotidiennes,[15]
55 Ensevelir[16] à la hâte leur corps,

---

[8]**le paysage** countryside, landscape [9]**la bruyère** heath [10]**geler** to freeze [11]**la bière** coffin [12]**têtu** stubborn [13]**le fardeau** burden [14]**la suie** soot [15]**quotidien** daily [16]**ensevelir** to bury

Ont peur de regarder en face
L'éternelle menace[17]
Qui luit sous leur paupière, encor.

Emile Verhaeren, Les Campagnes hallucinées, © Mercure de France, 1926, droits réservés

POUR S'EXPRIMER

Remplissez les blancs avec un des mots suivants à la forme convenable.

le poteau	tremper
le seuil	le paysage
geler	têtu
quotidien	la menace

Chaque jour, j'accomplissais la besogne _____; j'enfonçais

_____ avant que la terre ne _____. Dans les pays

du nord, il y a toujours cette _____ en automne. J'étais

_____; je ne pensais qu'au travail. Une fois _____

franchi, deux mendiants m'ont accosté qui voulaient de la nourriture.

D'abord, outre mes poteaux, _____ était désert. Un instant

plus tard, ces types étaient plantés là. Mais j'ai bien arrangé l'affaire: ils ont

échangé un coup de main contre deux pains _____ dans

du lait.

AVEZ-VOUS COMPRIS?

1. De quelle saison s'agit-il?
2. Pourquoi les chapeaux auraient-ils ressemblé à *la suie*?
3. Pourquoi les mendiants surgissent-ils à la *porte ouverte tout à coup*?
4. Pourquoi cette allusion aux morts dans les bières?
5. Que symbolise le son des bâtons?
6. Quelle est la peur de *ceux qui s'en viennent*?

FAITES LE POINT!

1. A quels objets immobiles les mendiants sont-ils comparés? Pourquoi?
2. Pourquoi les mendiants sont-ils *lourds de leur nuit* (sixième vers)?
Citez d'autres éléments *lourds* de leur description.

---

[17]**la menace** threat

3. Est-ce qu'ils ont <u>vraiment</u> *l'air de fous*? Pourquoi répéter ce vers? Pensez à votre réponse à la question 2, dans la section *Avant de lire . . . .*

23

Suisse

Corinna Bille (1912–1979)

Corinna Bille est née à Lausanne. Elle décrit son Valais avec passion, et ses paysages semblent imbus d'une force personnelle et poétique.

Le roman Deux Passions est l'histoire d'une fillette de sept ans. Elle est placée chez un curé qui se charge de son éducation. Cependant, elle se révolte: elle préfère être dans la nature où elle apprivoise les animaux qui semblent lui parler. Les gens du village, sauf les enfants, la trouvent étrange.

AVANT DE LIRE . . .

1. Qu'évoque pour vous le titre? A votre avis, quelles sont les passions dont parle l'auteur?
2. Parcourez le premier paragraphe pour déterminer comment la note de magie est établie tout de suite. Comment? Est-il vrai qu'il y ait *une sirène dans le château* du père?
3. Pensez à tous les mythes que vous connaissez, basés sur les sirènes.

Deux Passions

Le lendemain, Emerentia partit se promener avec les enfants du village. Elle racontait à ses nouveaux amis qu'il y avait des sirènes dans le Rhône. Ils ne savent pas ce que c'est, elle essaie de leur expliquer, elle les connaît. Il y en a une dans le château de son père, suspendue au plafond de la
5 grande salle, ornée[1] de bois de cerf et de flambeaux.

Les gamins l'écoutent, crédules, éblouis.[2] Parfois, un brochet[3] ou une vieille carpe sautent au centre d'un marais,[4] et plus il est petit plus le poisson paraît gros. Ils crient tous:

«Une sirène!
10 —Non, une sirène c'est moitié[5] poisson, moitié fille, elle porte même un bonnet de dentelle[6]», explique Emerentia.

---

[1]**orner** to decorate [2]**éblouir** to dazzle [3]**le brochet** pike (fish) [4]**le marais** swamp
[5]**moitié ... moitié** half ... (and) half ... [6]**la dentelle** lacework

157

Quand elle parle, les choses deviennent vraies. La mère limon, les bêtes, les arbres, les plantes ont une chair et une âme parentes de la sienne.

Les enfants disaient:

5 «Les larmes de crapaud,[7] larmes de sang.»

Ils désignaient les adonides rouges, l'adoxe musquée dont la petite fleur est bleue puis verte.

Emerentia cueillait[8] la fleur d'ombre, le glaïeul sauvage et leur apprenait leurs noms. Les sables se recouvraient par place d'une mousse 10 roussâtre.

«Oh!»

Dans une arène grise, non entièrement asséchée[9] malgré la forte chaleur, s'ouvraient les orchidées violettes aux pétales étagés. Jamais ils n'en avaient vu un si grand nombre.

15 Au retour,[10] ils racontèrent à leurs parents qu'Emerentia, par sa seule présence, faisait sortir les fleurs de la boue.

Corinna Bille, Deux Passions, © Editions Gallimard, 1979, droits réservés

POUR S'EXPRIMER

Remplissez les blancs avec un des mots suivants à la forme convenable.

orner   éblouir

la moitié   cueillir

le retour

1. Les enfants étaient _____ par l'impression de magie.

2. Les enfants se promenaient dans la vallée et _____ des fleurs rares.

3. Le poisson bicolore était _____ rouge, _____ bleue.

4. Des plantes de toutes les couleurs _____ le chemin.

5. Après une longue promenade dans la vallée elles étaient fatiguées.

_____, on leur a donné des biscottes.

---

[7]**le crapaud** toad   [8]**cueillir** to pick, gather   [9]**assécher** to dry out   [10]**au retour** upon their return

AVEZ-VOUS COMPRIS?

1. Pourquoi Emerentia est-elle une fille extraordinaire?
2. Quel est le premier moment où vous voyez que les autres enfants sont *crédules*?
3. Citez les autres moments qui montrent que les enfants font confiance à Emerentia.
4. Quel détail est ajouté par Emerentia à l'image typique d'une sirène?
5. Que racontent les enfants à leurs parents?

FAITES LE POINT!

1. En quoi consiste la magie de cette fille?
2. Ces événements servent-ils en quelque sorte, à opposer le pouvoir de la nature au pouvoir de la religion? Discutez.
3. Que savez-vous de la vie des villages? Y a-t-il des moyens d'écarter, d'isoler les gens qui sont un peu différents? Ecrivez un petit conte— l'étude d'une personnalité—basé sur cette idée.